NOTICE SUR LA VIE

DE

M. DUFRICHE DES GENETTES

PUBLICATIONS DE L'ARCHICONFRÉRIE :

Manuel d'Instructions et de Prières, à l'usage des Membres de l'Archiconfrérie du T.-S. et Imm. Cœur de Marie, suivi d'une Histoire de l'Archiconfrérie. Ouvrage publié par M. l'abbé DUFRICHE DES GENETTES. 17ᵉ édition. 1 fort vol. grand in-18. 2 fr.

Annales de l'Archiconfrérie (neuf bulletins ont été publiés), par le même. Prix de chaque bulletin : 75 c.

Guide des Associés à l'Archiconfrérie, contenant les Offices propres à l'Archiconfrérie, les Vêpres du dimanche; suivi de *Cantiques*; publié par M. l'abbé QUÉTIER. 4ᵉ édition. 1 vol. in-32. 60 c.

Office complet de l'Archiconfrérie, mis en chant nouveau par A. LECLERCQ. 2ᵉ édition. in-12. 1 fr.

Histoire religieuse de l'Église **N.-D.-des-Victoires** et de l'**Archiconfrérie**, par M. l'abbé BALTHASAR. 1 vol in-12 orné d'une très-belle gravure sur acier représentant la Chapelle de l'Archiconfrérie. 2 fr.

Fête du Couronnement de l'Image de la T.-S. Vierge, relation faite par M. H. DE RIANCEY. In-8º. 60 c.

Discours prononcé à la même fête par le R. P. CORAIL., S.-J. In-8º. 60 c.

Chants complets de l'Archiconfrérie, Vêpres, Saluts et Cantiques chantés à l'Office du soir, recueillis et mis en musique par M. ANDRÉ, avec accompagnement d'orgue ou de piano, par M. BURELLE, organiste de la même église. 1 vol. grand in-8º. Net. 3 fr. 50

Billet d'admission dans l'Archiconfrérie. In-18 de 4 p. Le cent : 2 fr. 50

Tableau d'agrégation à l'Archiconfrérie. In-plano. 60 c.
Ce tableau est conforme aux lettres d'affiliation délivrées à tous les directeurs des Confréries agrégées à l'Archiconfrérie; il est disposé sur trois colonnes pour être encadré et placé dans toutes les chapelles dédiées au saint Cœur de Marie.

Gravure représentant exactement la **Chapelle de l'Archiconfrérie**. Cette gravure a 55 centimètres de hauteur sur 40 de largeur. Prix : 2 fr.

Nouvelle gravure. Cette gravure se distingue par la finesse et la perfection de l'ensemble.

Sur 1/4 grand colombier, papier de Chine. Prix : 1 fr. 50
Sur 1/4 jésus,   dº   —   1 »
—   papier blanc. — » 75
Sur 1/16 jésus,   papier de Chine. — » 30
—   papier blanc. — » 20

M. DUFRICHE DES GENETTES

Curé de N.D. des Victoires,

Fondateur et Directeur de l'Archiconfrérie du S. et I. Cœur de Marie.

NOTICE SUR LA VIE

DE

M. DUFRICHE DES GENETTES

CURÉ
DE NOTRE-DAME-DES-VICTOIRES

Fondateur et Directeur
de l'Archiconfrérie du très-saint et immaculé
Cœur de Marie.

PAR

E.-A. DE VALETTE

ancien Sous-Directeur de l'Archiconfrérie, Chan. hon. de Digne,
1er aumônier du Lycée Napoléon,

PARIS
AMBROISE BRAY, LIBRAIRE-ÉDITEUR,
66, RUE DES SAINTS-PÈRES, 66,
(Droits de reproduction et de traduction réservés.)

1860

DÉDIÉE

AUX

MEMBRES DE L'ARCHICONFRÉRIE

DE

NOTRE-DAME-DES-VICTOIRES

Au moment où l'Archiconfrérie du très-saint et immaculé Cœur de Marie vient de perdre son fondateur, nous croyons prévenir les vœux des Associés en leur offrant cette notice sur la vie du vénérable prêtre que nous regrettons.

Honoré depuis plus de trente-deux ans de la confiance et de l'amitié de M. des Genettes, témoin assidu de sa vie privée, assistant à ses œuvres extérieures, nous avons pu, autant que personne, apprécier ses hautes vertus sacerdotales. Dans les épanchements de son affection paternelle, il se plaisait à revenir sur les années de sa jeunesse, et, recueillant avec avidité ses récits, nous les conservions avec un soin respectueux. Nos rapports avec plusieurs membres de sa famille et avec quelques-uns de ses contemporains nous ont permis de combler des lacunes, de rectifier des dates, et insensiblement nous nous sommes trouvé en mesure de raconter en détail sa vie tout entière.

Ce sont ces notes que nous offrons aujourd'hui à nos chers Associés : en les parcourant, ils reconnaîtront aisément que nous n'avons pas eu la prétention d'écrire un livre, mais uniquement de leur présenter un portrait fidèle de celui qu'ils sont habitués à chérir et à vénérer.

Pour nous, nous sommes heureux de rendre ce dernier hommage à la mémoire du prêtre bien-aimé qui a guidé nos premiers pas dans le sacerdoce, et dont les exemples ont toujours été pour nous la plus éloquente des leçons.

E. DE VALETTE.

NOTICE SUR LA VIE

DE

M. DUFRICHE DES GENETTES

CHAPITRE I.

Charles-Éléonore Dufriche des Genettes naquit le 10 août 1778 à Alençon, où sa famille, l'une des plus anciennes de la ville, tenait depuis longtemps un rang considérable dans la magistrature. Des titres du treizième siècle montrent que dès lors les Dufriche étaient placés honorablement dans la cité. La branche dont il sort tire son surnom du domaine des Genettes, où l'on voit un Alleaume Dufriche établi au commencement du seizième siècle. Des rameaux de cette branche sont désignés par les noms des Madeleines, de Valasé, localités voisines et dépendantes des Genettes.

Les premières années de son enfance exigèrent beaucoup de soins, mais son vigoureux tempérament ayant bientôt pris le dessus, il montra dès le plus bas âge de remarquables dispositions à l'étude. A trois ans il savait lire, et, chose rare, il se rappelait la bonne vieille fille qui lui avait donné ces premières leçons, dont presque toujours nous recueillons les fruits pendant toute notre vie sans savoir à qui nous les devons.

Sa pieuse mère, dont il ne parlait jamais qu'avec l'accent du respect et de la tendresse les plus profonds, veillait avec sollicitude sur cette jeune âme dont Dieu lui avait confié le dépôt. Son amour éclairé y déposait les germes de cette piété qui ne s'est jamais démentie depuis, et dont le développement résume toute la vie du saint prêtre. Rien que de bon, rien que de pur, rien que de vrai n'était offert à cette jeune imagination ardente dès ses premières lueurs et déjà passionnée pour tout ce qui la frappait. Heureuse vigilance, qui préserva les premières années du jeune Charles de ces impressions fausses ou mauvaises dont l'esprit conserve presque toujours la trace ineffaçable.

En 1783, M. des Genettes fut appelé à Séez en

qualité de procureur du roi; sa famille l'y suivit, et son fils, envoyé dans une école de la ville, y profita si bien des leçons de l'instituteur, que, dès l'âge de six ans, on le mit à l'étude du latin. Les premières notions lui en furent données par un prêtre, M. Prudhomme, que sa famille prit en qualité de précepteur, et telles étaient sa facilité, sa prodigieuse mémoire, qu'à l'âge de sept ans il fut capable de suivre les cours de cinquième au collége de Séez. Entouré d'enfants beaucoup plus âgés que lui, il montra tout d'abord sa supériorité. Placé le cinquième à la première composition, il se maintint toujours aux premiers rangs. Malgré ces succès, sa mère obtint qu'on ne le fît point passer, à la fin de l'année, dans la classe supérieure. Elle redoutait les dangers qui l'accueilleraient à la sortie de ses études si elles étaient trop promptement terminées, et désirait plier le plus longtemps possible à la discipline des classes un caractère dont la fougue pouvait également conduire aux plus grandes vertus ou aux plus déplorables excès.

Ce n'était qu'en tremblant qu'elle le voyait vif, impétueux, turbulent, se passionner pour tout ce qui flattait la curieuse activité de son esprit, et se détacher bientôt des objets qui l'avaient enthousiasmé. « Plutôt qu'il meure! » s'écriait-elle dans la ferveur de sa pieuse tendresse alarmée. Ses inquiétudes, ses remontrances faisaient une vive impression sur son fils, qui la chérissait; il prodiguait les plus belles et les plus sincères promesses, allait devant un petit autel, qu'il avait élevé dans la maison, réciter le *Miserere* dans les sentiments d'un profond repentir, s'assurait qu'il était devenu un homme nouveau, chantait le *Te Deum* en actions de grâces de sa conversion, et recommençait le lendemain à affliger sa bonne mère par ses méfaits enfantins.

Au milieu de ces variations, une seule pensée ne variait pas chez lui, c'était celle de la vie sacerdotale, à laquelle dès lors il rêvait de se consacrer. Un jour, son confesseur, après des reproches assez sévères, lui dit avec l'accent d'un découragement simulé peut-être :

— Que voulez-vous devenir?

— Ce que vous êtes, répartit l'enfant sans hésiter.

— Vous?

— Oui, moi.

— Vous avez bien à faire pour songer à être prêtre : il faut d'abord vous corriger.

— Eh bien! je me corrigerai.

Malgré cette promesse si résolument exprimée, quand il eut atteint l'époque de la première communion, on ne l'admit que six semaines après ses jeunes camarades, quoiqu'au catéchisme il fût reconnu pour l'un des plus instruits : son excessive légèreté lui attira cette humiliation, dont il sut profiter, car après avoir avec ferveur reçu pour la première fois son Dieu, sa piété devint plus sérieuse et sa conduite plus régulière : il commença à lutter contre les entraînements de son caractère.

Il avait alors douze ans, on était en 1790, l'Assemblée nationale discutait la constitution civile du clergé, qui devint loi du royaume, malgré l'*Exposition des principes*, signée par trente évêques députés à l'Assemblée, avec l'adhésion de cent dix autres prélats. Ce nouveau code ecclésiastique qui bouleversait l'Église en France ne pouvait que préoccuper vivement les populations catholiques; le jeune des Genettes, plus attentif qu'on ne l'eût pu attendre d'un enfant de son âge aux conversations que les débats de l'Assemblée faisaient naître parmi les magistrats qui fréquentaient la maison de son père, saisit avec une perspicacité rare les vices de cette constitution, fit part de ses doutes à ceux qui dirigeaient son instruction religieuse, et s'affermit d'autant plus dans les bons principes, qu'il les voyait attaqués avec plus de violence.

La persécution, qui ne tarda pas à sévir contre les prêtres insermentés, rendit plus vif le désir qu'il avait d'appartenir au clergé, et redoubla son aversion pour la profession à laquelle semblaient le destiner les traditions de sa famille; car il ne pouvait oublier que des avocats jansénistes avaient été les principaux auteurs de la constitution civile.

Il est à remarquer qu'à cette époque aussi se manifestèrent les sentiments d'ardent royalisme qui l'animèrent pendant toute sa carrière. La révolution lui faisait horreur, même avant qu'elle se fût souillée des crimes qui la rendirent odieuse à tout ce qui portait un cœur honnête, et quand encore bien des hommes aux intentions droites saluaient, dans les événements de 89, l'aurore d'une ère de bonheur pour la France et l'humanité. Telles étaient les opinions qu'il entendait sans doute défendre dans la maison paternelle, où, comme dans la plupart des familles appartenant à la robe, on avait accueilli les opinions nouvelles. Dans un milieu qui devait naturellement influer sur ses dispositions dans un âge aussi tendre, il réagit contre ce qui l'entourait, et son amour pour l'Église le rendit l'ennemi de ceux qui la persécutaient. C'était pour lui un bonheur quand il rencontrait un prêtre jureur, de faire ostensiblement le signe de la croix, comme pour exorciser le malin esprit.

En 1791, M. des Genettes fut nommé juge, puis bientôt après président du tribunal de Dreux, où était réunie la famille de sa femme. Charles fut alors envoyé au collége de Chartres, où on lui fit redoubler la classe de seconde. Ses succès scolaires furent les mêmes qu'à Séez, et sa conduite, désormais régulière, prit un caractère de résolution inébranlable, qui témoignait quel homme il devait être un jour.

On avait encore l'usage, au collége, d'envoyer les élèves à confesse. On le mène donc à son tour auprès de M. Vitalis [1], prêtre assermenté comme

---

[1] Homme de mœurs décentes, qui depuis reconnut son erreur, la rétracta et mourut à Paris, curé de Saint-Eustache.

tous ceux à qui il était permis d'exercer les fonctions du ministère, et vicaire-général de l'évêque intrus. Il se mit à genoux pour obéir à la règle et resta muet.

— Dites votre *Confiteor*, mon ami.

— Je ne dis pas de *Confiteor*.

— Pourquoi?

— Parce que je suis amené ici de force ; je ne me confesse pas aux prêtres assermentés; vous n'êtes pas catholique.

— Etes-vous donc en état de décider des questions pareilles? Croyez-vous en savoir plus que moi, que mes confrères, que M. Bonnet, notre évêque? Allons, confessez-vous.

— Je vous dis que vous n'avez pas de pouvoirs, que M. Bonnet, que vous appelez votre évêque d'*Eure-et-Loir*, ne peut vous en donner, parce qu'il n'en a pas, qu'il n'est pas plus évêque que moi, qu'il est un intrus.

— Mais, jeune homme, vous manquez de respect aux autorités établies.

— Au contraire, monsieur, je vénère l'autorité, la seule autorité qui existe dans l'Église de Jésus-Christ, et si je vous tiens ce langage qui paraît vous blesser, c'est que notre Saint-Père, dans son bref du 13 avril, ordonne aux ecclésiastiques qui ont prêté le serment, de le rétracter, et déclare les élections des nouveaux évêques illégitimes et sacrilèges, et leurs consécrations criminelles, illicites et sacrilèges.

— Où en sommes-nous si des écoliers viennent citer des brefs? Vous avez donc des relations avec la cour de Rome?

— Vous en avez bien, vous, avec celle de Satan!

La discussion en resta là. Charles avait pu la soutenir parce que, les jours de composition, il profitait du temps qui lui était accordé pour aller dans une petite rue de la ville trouver un prêtre qui demeurait caché avec un ancien chanoine, et de qui, après s'être confessé, il recevait les lumières qui devaient le guider dans ces temps difficiles.

Quant à ses opinions politiques, il les manifesta un jour avec une audace imprudente et qui pouvait compromettre sa famille. C'était en 1793, l'attentat du 21 janvier l'avait tellement impressionné que sa santé en avait souffert sans que, cependant, il interrompît ses études. Arrive l'époque de la distribution des prix, on la fait dans l'ancienne église *des Cordeliers*, convertie alors en musée des objets d'art, c'est Jean Bon Saint-André qui préside. Charles des Genettes est appelé pour recevoir un prix de version, le président veut l'embrasser selon l'usage, mais lui, s'arrête sur le bord de l'estrade, prend son livre d'une main, sa couronne de l'autre, salue et se retire. Un mouvement général se fait sentir dans l'auditoire, les élèves éclatent en applaudissements. Jean Bon se contente de sourire d'un air dédaigneux et de ne pas se déranger quand des Genettes vient recevoir un autre prix.

Ses études étant alors terminées, il rentra dans sa famille, où il apporta un caractère plein de gaîté et d'entrain, qui répandit la joie sur un intérieur d'ailleurs assez triste. Son père, homme d'une intégrité à toute épreuve, d'une grande instruction, avait avec chagrin vu se dissiper les illusions qui l'avaient bercé au début de la révolution. Les coups successifs qu'elle avait frappés lui avaient ouvert les yeux, il mesurait avec douleur l'abîme où tout s'engloutissait et n'interrogeait l'avenir qu'en tremblant; il se sentait mal à l'aise dans une société nouvelle à laquelle il avait prêté le concours de ses opinions et de son influence, et à qui il était devenu suspect parce qu'il ne la suivait pas dans ses criminels entraînements.

Après l'attentat du 21 janvier, le préfet d'Eure-et-Loir ayant exigé des magistrats un acte d'adhésion à la sentence de la Convention, M. des Genettes n'hésita pas à résigner ses fonctions plutôt que de trahir sa conscience en approuvant ce qu'il considérait comme un crime, et cette détermination attira sur lui les colères du parti exalté.

Madame des Genettes souffrait de tout ce qui se passait; strictement renfermée dans l'accomplissement de ses devoirs, et sans se mêler aux préoccupations de la politique, elle demandait à la prière la paix que le monde ne permettait plus de goûter. Pour ne pas compromettre sa famille, et peut-être aussi parce qu'elle ne pouvait renoncer à ses habitudes de piété, elle entendait la messe des prêtres constitutionnels et y conduisait son fils, qui n'assistait qu'avec une répugnance pleine d'indignation à ces cérémonies faites par des ministres prévaricateurs. Mais s'unissant de cœur aux prêtres catholiques il cachait autant qu'il le pouvait les sentiments qui l'agitaient, pour ne pas affliger davantage une mère si tendre, et ses prévenances pour elle, ses soins attentifs pour sa jeune sœur, sa vivacité pleine de gaîté rendaient la vie plus douce à toute la famille.

Cette lueur de bonheur s'éclipsa bientôt. M. des Genettes fut mis en accusation, en mars ou avril 1794, on vint pour l'arrêter. Il était alors absent pour un petit voyage. A l'heure du repas, la servante accourt d'un air épouvanté : « La rue est pleine de bonnets rouges. » Charles s'élance vers la fenêtre. — Mets-toi à table et ne dis mot, lui dit sa mère; puis avec calme elle ordonne qu'on ouvre la porte. Trois commissaires du salut public, suivis de gens armés et de membres du Comité de Dreux, envahissent la maison, et ne trouvant pas le chef de la famille, déclarent que madame des Genettes servira de caution. « Arrêtez-moi, si vous croyez la liberté d'une femme dangereuse à la république, mais laissez libres ces enfants que la prison tuerait. » — Les commissaires, touchés de sa fermeté, permirent qu'elle restât dans sa maison, surveillée par un gardien à leur nomination. La visite ne s'acheva pas sans qu'on eût fait une recherche exacte dans les papiers, lettres, etc. Tout fut examiné et n'offrit aucune charge contre M. des Genettes, malgré la perspicacité d'un des commissaires, épicier à Dreux, qui avisant une copie manuscrite des maximes de Machiavel, s'écria : « Nous tenons notre affaire !... Qui est ce Machiavel ? Il est bien sûr dans la Vendée. »

Cinq semaines après, M. des Genettes étant arrivé, fut mis en prison malgré le résultat favorable de la visite domiciliaire. Alors commença, pour sa femme et ses enfants, une existence pleine d'angoisses et de dévouement. Les commissaires du salut public avaient mis le séquestre sur tous les biens, ne laissant à madame des Genettes que la valeur d'un assignat de 50 francs par tête et un couvert d'argent pour chacun. Sept cent mille francs en assignats, prix de terres provenant de son grand-père, furent ainsi perdus. Réduite à une si extrême nécessité, il fallut congédier tous les domestiques, et il ne resta dans la maison qu'une servante qui refusa absolument de partir. « Ils n'auront pas l'honneur, disait-elle, de m'avoir fait abandonner ma bonne maîtresse. »

Madame des Genettes, insistant, lui disait :

« Mais, ma pauvre Renote, nous monterons peut-être sur l'échafaud. » — « Eh bien, j'y monterai avec vous.[1] »

La disette sévissait alors, et pour trouver des vivres, Charles parcourait les fermes des environs avec un assignat de vingt sous, qu'il rapportait toujours intact parce que les fermiers, qui connaissaient sa famille, refusaient de recevoir le paiement des denrées qu'ils pouvaient fournir. Ce qu'il y avait de meilleur était mis à part, pour en préparer un petit repas qu'on portait à la prison pour M. des Genettes, et auquel un charcutier du voisinage se faisait honneur d'ajouter quelques menus produits de sa boutique. C'était fête dans la famille quand la mère et les enfants pouvaient aller ensemble accomplir ce devoir envers le prisonnier, auquel on cacha toujours l'état de détresse où vivait sa famille. Madame des Genettes avait cependant des parents restés très-riches, qui connaissaient sa pénible situation, sans venir à son aide. Jamais une plainte, jamais un murmure ne sortirent de sa

---

[1] Cette bonne fille quitta depuis son pays pour venir soigner sa sœur malade à Paris, où M. des Genettes l'aida à subsister.

bouche : elle encourageait au contraire ses enfants à adorer et à bénir la sainte volonté de Dieu, et à trouver une consolation dans les exercices de piété auxquels elle ne manquait jamais. Les dimanches, la petite famille se réunissait : on lisait la messe, les vêpres, on faisait une lecture pieuse, on priait pour la France et on se séparait, animés d'un courage nouveau pour supporter tout ce qu'il plairait à la Providence d'envoyer d'épreuves.

Une de ses sœurs, chez qui on n'observait pas les lois de l'Église, l'invitait quelquefois à dîner. Pendant le carême elle refusait ce léger adoucissement à ses privations quotidiennes. Son fils imita cet exemple. Les jours d'abstinence furent toujours pour lui des jours d'austérité, et ce ne fut que dans ses dernières années qu'il consentit à faire usage des dispenses accordées pour la sainte quarantaine.

CHAPITRE II.

Sa jeunesse.

Un rôle tout passif ne convenait pas au caractère bouillant et hardi du jeune Charles. Madame des Genettes s'épuisait en sollicitations inutiles auprès des autorités de la province et de Paris. Cent cinquante pères de famille étaient détenus. La ville murmurait. Charles profite d'une absence de sa mère et, le 4 août 1794, il se rend au club, où il fait entendre une énergique réclamation ; on l'appelle à la tribune : « Citoyens, s'écrie-t-il avec l'éloquence d'un rhétoricien récemment sorti du collége, et plein des réminiscences du Forum et de l'Agora, citoyens, la ville de Dreux gémit et vous, ses enfants, vous pourriez rester sourds aux accents de sa voix plaintive ! La laisserez-vous opprimer par une faction étrangère à vos murs ? N'êtes-vous pas le peuple souverain ? Et on ose tenir captifs ceux que vous aimiez à voir au milieu de vous et à appeler vos frères !! Levez-vous, il est temps, ne laissez pas la honte d'une coupable soumission souiller vos fronts nobles et libres, etc., etc. » Son ardeur gagne l'auditoire, il reçoit l'accolade du président, on nomme, séance tenante, une commission d'une vingtaine de membres pour ouvrir les prisons. Le concierge, un M. Laforet, s'y refuse, il veut attendre un décret de la Convention, mais l'impulsion était donnée, on menace d'enfoncer les portes de la prison, il faut céder. Les détenus sont mis en liberté, on renferme à leur place les membres du comité de surveillance, destitués de par le peuple, et M. Laforet voit se fermer sur lui les verroux qu'il avait si souvent tirés pour les autres.

Le bruit que fit cette audacieuse entreprise n'intimida point l'ardent jeune homme qui l'avait provoquée. Pendant tout l'hiver de 1794 à 1795, il ne cessa de visiter et de secourir les prêtres cachés dans la ville de Dreux. Il connaissait les bons catholiques et leur ménageait les moyens de communiquer avec ces ecclésiastiques, qui s'exposaient aux plus grands dangers pour soutenir les âmes fidèles. Tous les soirs il allait à la veillée des femmes dans les faubourgs des Caves et de Saint-Thibaud du Valgelé, et leur faisait lecture d'un livre dirigé contre les constitutionnels. Ses commentaires étaient écoutés avec faveur, et telle fut l'influence que le jeune apôtre acquit sur ces bonnes femmes, qu'il leur persuada de reprendre possession de leurs églises. Il organisa sa manifestation, à laquelle il ne voulut qu'aucun homme prît part, et le 24 mars, à deux heures après-midi, trois cents femmes sont rassemblées sur la place du Paradis. Il se met à leur tête et les conduit au district : quatre d'entre elles entrent avec lui et sont admises auprès de l'administration du district, que présidait un sieur Dufresne. Des Genettes lui dit fièrement qu'il vient au nom du peuple de Dreux demander les clés des églises ; il lui représente que la démarche est toute pacifique, qu'il n'a avec lui que des femmes contre lesquelles on ne pourrait sans infamie employer la force, et qui sont décidées à user des droits de la liberté de conscience. Dufresne cède, sans trop de regret peut-être, et remet les clés de Saint-Jean et de Saint-Pierre. La foule s'y porte avec enthousiasme, mais à Saint-Pierre elle se trouve arrêtée par une muraille qu'on avait élevée à l'entour du chœur avec des débris de statues; un mouvement d'hésitation se manifeste, des Genettes s'en aperçoit, il fait apporter un levier, porte les premiers coups et bientôt la muraille est abattue, les emblèmes républicains arrachés, traînés dans la boue, brûlés. Le mercredi saint, des prêtres catholiques vont y dire la messe. Pendant toute la semaine et le jour de Pâques on officie publiquement, et ce n'est que vers l'Ascension qu'arrivent cinquante dragons et un commissaire chargé de rechercher les auteurs d'une infraction si hardie aux lois de la république. Les autorités de Dreux ne voulaient pas attirer sur la ville un châtiment qui eût frappé surtout la classe populaire, alors très-sympathique à la cause religieuse; on ne conduisit l'enquête qu'avec mollesse; le juge de paix prêcha l'indulgence, excusa des Genettes en disant que c'était un enfant, empêcha qu'on n'arrêtât personne et tout fut terminé par la fermeture des églises. Les vases sacrés, toutefois, furent, par les soins de Charles, soustraits à la profanation; il put faire cacher un ciboire et trois calices, avec l'un desquels, devenu prêtre, il eut en 1819 la consolation de célébrer les saints mystères.

L'heureux dénoûment de ces deux affaires n'empêchait pas M. et Mme des Genettes d'être extrêmement inquiets; ils ne doutaient pas que leur fils ne profitât de la première occasion, si même il ne la faisait naître, pour commettre encore quelque grave imprudence. Le séjour de Dreux, où rien ne les retenait plus, leur était donc à charge, et ils se retirèrent dans un petit bien dont ils avaient hérité, La Héberderie, située au bourg de Saint-Lomer, canton de Courtomer. C'était à peu près alors tout ce qui leur restait d'une belle fortune, le père ayant été mis sur la liste des émigrés d'où il n'avait pas encore pu obtenir sa radiation.

Dans un pays où plusieurs fermes appartenaient à ses parents, quoiqu'ils n'en touchassent pas les revenus, Charles se trouvait dans la situation la plus favorable à son zèle de prosélytisme. Il n'avait rien à faire, et tout en se promenant de métairie en métairie, il se conciliait l'affection des paysans, et enseignait le catéchisme à leurs enfants. Bientôt il agrandit son œuvre, et ouvrit une école pour les garçons, aux plus intelligents desquels il fit même commencer le latin : six ou sept d'entre eux purent continuer plus tard ces études ébauchées, et parvinrent au sacerdoce.

Dépourvus alors d'écoles, les parents accueillirent avec joie et reconnaissance le dévouement du jeune homme qui venait consacrer son temps et ses soins à l'éducation gratuite de leurs enfants. Mais les mères de famille ne tardèrent pas à réclamer contre la préférence accordée aux garçons. Si M. des Genettes ne pouvait pas, on en convenait, se faire l'instituteur des petites filles, pourquoi du moins ne les admettait-il pas aux leçons de catéchisme? N'était-il pas déplorable de les laisser dans l'ignorance de leur religion, tandis que leurs frères étaient avec tant de zèle instruits de leurs devoirs? Quand plusieurs familles eurent parlé dans ce sens à Charles, il entrevit l'occasion de faire un très-grand bien, et, après avoir consulté sa mère, il se décida à faire les démarches nécessaires auprès des autorités.

Se présentant d'abord à la municipalité, il leur représenta qu'aux termes de la loi de Vendémiaire an VII, il réclamait le droit d'exercer librement son culte; que, n'étant pas prêtre, les décrets de la Convention ne l'atteignaient en aucune façon, et que rien ne s'opposait à ce qu'il se réunît à d'autres citoyens. On ne fit pas de difficultés pour lui accorder l'autorisation qu'il demandait. Il fallait un local; il prit à loyer l'église de Saint-Lomer, devenue propriété nationale, et en eut la libre jouissance moyennant cent sous par an.

Une fois en règle avec le pouvoir civil, il voulut avoir l'agrément de l'autorité ecclésiastique. Il se rendit auprès de M. Lefrançois, chanoine de Séez, ancien principal du collége où il avait été écolier, et qui, caché dans le diocèse, l'administrait en qualité de vicaire général. Cet ecclésiastique le connaissait déjà. Il savait qu'en relation avec beaucoup de prêtres qui, comme lui-même, exerçaient au péril de leur vie le saint ministère, il leur rendait les plus grands services et descendait jusqu'aux plus minimes détails pour leur procurer un peu de bien-être dans les profondes retraites où ils abritaient leurs têtes.

Pourquoi hésiterais-je à raconter ce que faisait ce noble jeune homme? Il s'en allait quêtant pour ses prêtres, et quand des fermiers lui eurent donné de la vieille laine, il apprit de sa mère et de sa sœur à tenir les aiguilles, et les aida à tricoter des bas pour les confesseurs de la foi. Le vicaire général l'accueillit donc avec faveur, examina ses plans, et l'autorisa à faire dans l'église de Saint-Lomer un catéchisme qui pût avoir de l'attrait pour les habitants du voisinage. On devait y chanter des cantiques, des psaumes, y lire l'Évangile, auquel on joindrait une explication prise dans un ouvrage approuvé. M. Lefrançois ne jugeait pas prudent de permettre un commentaire verbal à un si jeune homme, plein de zèle sans doute et de piété, mais à qui manquaient les connaissances théologiques sans lesquelles il n'est guère possible d'éviter l'erreur. Muni de ces instructions, des Genettes commença son œuvre.

Il ouvre son église le dimanche, et les enfants y viennent en foule, accompagnés de leurs parents qui n'avaient vu qu'avec peine supprimer les cérémonies du culte catholique. Bientôt des paroisses voisines on vint à Saint-Lomer, et ce fut un bonheur pour tout le canton. En peu de temps, la réunion du dimanche devint un véritable office paroissial. Les paysans, chantres autrefois dans leur église, se réinstallèrent avec joie au lutrin. On chantait la grand'messe tout entière, et après le *Sanctus*, toute l'assemblée s'agenouillait comme si un prêtre eût été à l'autel, et priait quelques moments en silence. Avant ce simulacre de messe on chantait le pseaume *Deus, venerunt gentes in hæreditatem tuam*, et on terminait par le psaume *Super flumina Babylonis*. Le soir on revenait régulièrement pour les vêpres.

Pour suppléer à ce que son âge ne lui permettait pas même d'entreprendre, il établit une réunion de femmes que sa mère présidait chez elle. On travaillait, on priait ensemble, on lisait des livres de morale pratique, auxquels madame des Genettes ajoutait des commentaires familiers auxquels ses vertus, ses malheurs et son ineffable bonté donnaient une autorité extraordinaire. De temps à autre, quand les circonstances étaient favorables, des prêtres catholiques venaient y confesser. C'est ainsi que quatre-vingts personnes purent se disposer à s'approcher de la sainte Table, avec une trentaine de garçons et de filles que Charles avait préparés à la première communion. Plus de trois cents fidèles assistaient à cette cérémonie qui eut lieu dans la nuit de Noël. Quatre ou cinq fois ces communions purent se renouveler.

En revenant sur cette époque de sa vie, M. des Genettes s'étonnait de n'avoir pas été arrêté, car si la lettre de la loi était pour lui, puisqu'il n'était pas prêtre et exerçait librement son culte, il était en opposition flagrante avec l'esprit anticatholique qui dominait alors, et encourait les pénalités les plus graves par ses rapports avec les prêtres proscrits. Il ne pouvait que reconnaître une disposition particulière de la Providence dans la liberté qui lui fut laissée durant plus de trois ans de catéchiser publiquement, de faire célébrer les saints mystères, de visiter les malades et de conduire des prêtres à leur chevet. Les populations, il est vrai, étaient excellentes, sa famille était aimée, et lui-même avait, par son active charité, conquis l'affection de tous. Il tenait les élections dans sa main, et, grâce à son influence, les maires et adjoints étaient choisis parmi les hommes les mieux pensants.

Une fois cependant il put croire qu'il allait être mis en prison, mais son énergie ne l'abandonna pas et le tira de ce danger. Il avait été dénoncé au préfet comme *faisant le prêtre* à Saint-Lomer. Ordre au maire de faire un rapport. Des Genettes, averti de ce qui se passait, se rend à la préfecture, où le secrétaire général, son ami, le met au fait des dénonciations, et le fait parvenir auprès du préfet. Ce fonctionnaire le reçoit avec quelque vivacité, lui reproche de troubler l'ordre et de désobéir aux lois.

« Mais non, monsieur le préfet, au contraire, j'exerce mon culte, et c'est mon droit.

— On vous accuse d'être chouan.

— Je reste très-tranquille chez moi.

— Tout cela n'est pas clair, et si vous ne renoncez pas à ces menées, je vous ferai arrêter.

— J'enseigne aux enfants à aimer leur Dieu, à respecter leurs parents, à ne faire de tort ni de mal à personne, à vivre dans l'innocence et la pureté ; si vous me le défendez, soit, je cesserai, mais je vous déclare que tout le monde saura que c'est par votre ordre.

— Tout cela est bien; faites-le, mais ne faites pas davantage. Vous montez les têtes.

— Je ne puis faire l'un sans l'autre; ainsi je leur dirai que vous ne voulez pas que leurs enfants recoivent une instruction morale. »

Le préfet, après un instant de silence, lui dit : « Continuez; nous verrons. »

De retour à Saint-Lomer, l'ardent jeune homme ne manqua pas de dire en plein catéchisme et à l'office qu'il avait été dénoncé, qu'il avait la loi pour lui, et qu'il continuerait. En effet, il continua sans être inquiété, mais soumis à une jalouse surveillance.

A suivre le détail de ses travaux vraiment apostoliques, soutenus pendant plusieurs années avec une ardeur pleine de persévérance et de piété, nous serions tentés d'oublier qu'il s'agit d'un jeune homme âgé de vingt ans à peine, si M. des Genettes le père ne nous le rappelait en enjoignant à son fils d'aller reprendre ses études. On était en 1799, les temps étaient devenus meilleurs, il fallait songer à s'ouvrir une carrière, et Charles fut envoyé à Alençon, dans la famille de son oncle (le père du célèbre médecin des armées), pour faire son cours de mathématiques.

Soit que les sciences exactes eussent peu d'attrait pour lui, soit plutôt que sa vocation l'entraînât irrésistiblement, il s'occupa très-peu des études pour lesquelles il s'était rendu à Alençon, et rechercha au contraire avec ardeur toutes les occasions de se rendre utile aux catholiques, nombreux dans la ville. Dans plusieurs maisons, des chambres avaient été converties en chapelles, où les prêtres venaient en secret célébrer la sainte messe et administrer les sacrements. Charles eut bientôt la confiance de tous, et déploya tant d'activité et de maturité tout à la fois, que beaucoup de ces fervents chrétiens le croyaient prêtre malgré son jeune âge. Ses démarches furent épiées par la municipalité, mais il eut le bonheur de ne compromettre personne.

Il passa ainsi dix-huit à vingt mois, très-lié avec les jeunes gens de son âge, qui, tout en ne partageant pas sa piété, et se permettant même de l'en railler quelquefois, l'aimaient à cause de son caractère ouvert et bienveillant. Plus d'une fois son arrivée dans un groupe fit cesser quelque conversation trop libre. « Voilà des Genettes, taisons-nous ; cela lui ferait de la peine. » On recourait volontiers à ses conseils, et quelques-uns finirent par se laisser conduire aux messes qu'on célébrait en cachette.

Le peu de fruit qu'il retirait de sa résidence à Alençon le fit rappeler à Courtomer, où il reprit ses chers exercices avec tant de zèle qu'on l'appelait dans le pays « le curé de Saint-Lomer. » Les fréquents rapports qu'il eut à cette époque avec les prêtres, qui passaient quelquefois jusqu'à dix jours cachés chez sa mère, où ils disaient la messe et confessaient, lui donnèrent des idées plus précises sur le sacerdoce auquel il aspirait, et le rendirent plus propre encore aux œuvres par lesquelles il préludait à son futur ministère.

Un d'entre eux surtout lui rendit un signalé service, en l'éclairant sur les marques d'une véritable vocation ; c'était M. Desprez, ancien curé de Trémont, canton de Courtomer, docteur en théologie, très-versé dans l'art délicat de la conduite des âmes, et à qui son expérience permit aisément de sonder jusque dans ses replis les plus profonds le cœur du loyal jeune homme, dont les sentiments se manifestaient par les œuvres plus encore que par les paroles. Il se plut à lui dévoiler, dans toute leur effrayante étendue, les devoirs du prêtre, multiplia les objections, les difficultés, et, après un mûr examen, il lui déclara que Dieu l'appelant à son service, il fallait tout d'abord employer ses loisirs à acquérir la science nécessaire, et s'offrit à guider ses premiers pas dans le champ des études théologiques. Le jeune des Genettes comprit l'importance de ce conseil, et avec le secours de son savant et vénérable ami, fit de rapides progrès. Tout le temps qu'il pouvait dérober à ses œuvres de zèle et aux soins qu'exigeait la correspondance entre les prêtres cachés dont il était un des agents les plus actifs, il le passait à méditer sur les livres de théologie qu'il s'était procurés, ou à faire dans les bois de longues promenades, pendant lesquelles le chanoine lui développait les questions qu'il avait étudiées, mettait de l'ordre et de la méthode dans ses connaissances, et lui donnait l'habitude des vues d'ensemble sans lesquelles tout ce que l'esprit peut amasser reste comme isolé et stérile.

Cette vie, où l'étude se mêlait si heureusement à l'action, plaisait infiniment à Charles et il l'eût volontiers continuée; mais son père n'avait pas la pensée de faire de lui un prêtre, et n'ayant pu vaincre sa répugnance pour la robe, il obtint de lui qu'il étudierait la médecine.

. Ce n'était pas sans une arrière pensée que Charles prenait ce parti. Une fois docteur, il aurait un titre légal, il pourrait parcourir le pays sans éveiller les soupçons. Qui empêcherait alors qu'il reçût l'ordination de l'un des évêques légitimes cachés en France, ou même qu'il allât solliciter cette faveur à l'étranger? La Héberderie deviendrait le centre de ses opérations, et les visites du médecin aux malades seraient en réalité des courses apostoliques. La perspective des pontons de Rochefort ou des plages meurtrières de Synamary donnait plus de charme encore à ces plans d'avenir : pour cette âme ardente les difficultés étaient un aiguillon, les dangers un attrait.

Il s'appliquait donc sérieusement à l'étude de la médecine, quand, six mois avant qu'il n'eût atteint l'âge de la conscription, sa poitrine, jusqu'alors excellente, parut gravement atteinte. Il éprouvait de vives et fréquentes douleurs, perdait ses forces, maigrissait, et bientôt des crachements de sang presque continuels rendirent son état alarmant. Il devint si faible, que le conseil de révision le jugea pour le moment incapable du service militaire. Rappelé jusqu'à sept fois, il fut toujours provisoirement réformé. Ses meilleurs amis le regardaient comme perdu. Un jour qu'il dinait chez le docteur Bougon dont le fils étudiait la médecine avec lui, il crut saisir dans les yeux des convives une expression de pitié compatissante. « Vous êtes tous mes amis, dit-il, dites-moi ce que vous pensez de moi, » et comme personne ne lui voulait répondre : « parlez, ajouta-t-il, je suis chrétien, vous le savez bien, la vérité ne me fait pas peur.

— Eh bien, répondit alors Bougon, puisque tu veux savoir ton fait, avant la floraison des pois, tu ne seras plus là.

— Oui-dà, mes chers amis? Voilà l'oracle de la science? Eh bien, je vous quitte, et après la floraison des pois je reviendrai, et je serai guéri. »

Il partit en effet, alla près de sa mère, à qui, sans lui communiquer la décision des docteurs d'Alençon, il dit que son mauvais état de santé exigeait du repos et l'air de la campagne; que la médecine ne l'ayant pas guéri, il voulait essayer si un changement absolu de régime n'aurait pas un meilleur résultat. Mme des Genettes consentit à ce qui pouvait sembler un caprice de malade. Elle le fit nourrir presque exclusivement de laitage et de poisson, et malgré sa faiblesse extrême lui permit de faire le catéchisme aux bergers qui n'avaient point fait leur première communion.

Malgré le bonheur qu'il éprouvait à reprendre ses occupations chéries, malgré les soins de sa bonne mère il n'éprouvait pas d'amélioration appréciable, quand il fut rappelé à Alençon. Deux officiers de santé venaient d'y arriver, envoyés par le directoire pour le faire partir. Il n'était pas difficile de reconnaître l'effet du mauvais vouloir qui, malgré les déclarations réitérées des conseils de révision, l'avait tant de fois ramené parmi les conscrits, mais il fallait obéir. Les deux officiers firent un geste d'étonnement quand ils virent paraître ce jeune homme de vingt-deux ans, pâle, décharné, n'ayant en apparence qu'un souffle de vie. Ils lui parlèrent avec bonté, le soumirent à un examen minutieux, puis lui demandèrent s'il connaissait une demoiselle dont ils lui donnaient le signalement exact. Sur sa réponse qu'elle lui était totalement inconnue : « C'est étonnant, dirent-ils, elle vous porte un grand intérêt et nous a avertis que c'est par haine que certaines gens veulent vous faire partir. Mais ils n'y réussiront pas, car vous êtes absolument incapable. » Là-dessus, ils lui délivrèrent un certificat en règle. Des Genettes avait apporté 140 livres en or, il les offrit à ses libérateurs qui les refusèrent, malgré les habitudes vénales de l'époque, et repartirent sans qu'il ait jamais su leurs noms.

De retour à Saint-Lomer, il sentit sa santé se raffermir, et redoutant de nouvelles poursuites, il profita d'un décret qui autorisait les conscrits à se rédimer pour une somme de trois cents francs, et demeura enfin quitte de toute appréhension à ce sujet.

Bientôt après, un phénomène inattendu vint modifier les conditions physiques de sa vie. Le lait, qui depuis plusieurs mois était sa principale nourriture, perdit tout à coup son action sur lui. C'était un matin du mois de mai ; selon son habitude il va dans un herbage prendre auprès du troupeau le liquide bienfaisant dont l'usage l'avait sauvé ; son estomac le rejette. Il renonce alors à son régime, reprend rapidement ses forces, retrouve sa santé première, comme si la maladie ne lui avait été envoyée que pour le conserver à la vocation qui l'entraînait irrésistiblement.

CHAPITRE III.

Il entre au séminaire.

Pendant qu'il continuait à Saint-Lomer ses études théologiques et ses œuvres de zèle, l'état de la France avait changé. Bonaparte avait conclu avec le Souverain-Pontife le concordat qui rétablissait le culte; les populations de l'ouest voyaient avec joie leurs églises se rouvrir, un évêque catholique avait été installé à Séez, c'était Mgr Hilarion François de Chevigné de Boischollet, ancien vicaire général de Nantes.

L'Eglise ayant repris sa marche régulière, un jeune laïque ne pouvait plus s'ingérer dans les fonctions quasi sacerdotales, que les supérieurs ecclésiastiques avaient permises à des Genettes à cause de la difficulté des temps, il fallait prendre un parti décisif. Dès sa tendre enfance, il avait confié à sa mère son désir d'être prêtre, il l'en avait entretenue dans sa jeunesse : cette sainte dame avait approuvé ses vues et tout en lui commandant de respecter les intentions de son père, elle l'avait encouragé dans ses œuvres et aidé par ses prières; au moment de se décider, ce fut à elle encore qu'il s'adressa. Quand elle vit que désormais la vocation se manifestait par des marques sensibles, elle se chargea de faire auprès de son mari les premières démarches, et crut prudent d'éloigner un moment son fils, qu'elle envoya chez un ami.

M. des Genettes était alors juge au tribunal de Mortagne et venait passer les dimanches dans sa famille. Sa femme lui rapporta la conversation qu'elle avait eue avec leur fils, et sans se laisser rebuter par le refus auquel elle s'attendait, elle trouva dans son cœur chrétien tant d'élan et de tendresse qu'elle finit par obtenir le consentement désiré. Le mardi suivant, Charles se rendit à Mortagne, répondit avec une respectueuse fermeté aux objections que l'amour paternel et les prévoyances humaines inspiraient à son père, le convainquit de la solidité de sa vocation et ne le quitta qu'avec l'autorisation de se présenter à l'évêque de Séez.

Il connaissait le vicaire général, M. l'abbé Leclerc, membre de la constituante, ancien curé de la Cambre, un des prêtres qui avaient refusé le serment et exercé le ministère malgré les rigueurs de la persécution; il en fut bien accueilli. Ce digne ecclésiastique, ravi de trouver un jeune homme instruit et presque un théologien, dans le néophyte dont il appréciait déjà le zèle et le dévouement, voulait lui faire prendre la tonsure et les mineurs, l'évêque exigea qu'on attendît un peu.

L'état de son diocèse lui permettait de procéder avec une prudente lenteur dans le choix de ses prêtres. Sur quatre cent vingt curés, douze ou quinze avaient seuls prêté le serment, les autres étaient restés dans leurs paroisses jusqu'à la loi de déportation, et quand alors ils furent forcés de céder la place aux intrus ordonnés par l'évêque constitutionnel, ils avaient continué à administrer en secret les sacrements aux nombreux fidèles attachés de cœur à la doctrine catholique. Les rangs de la sainte milice avaient donc été moins éclaircis que dans d'autres provinces, et l'évêque n'était pas obligé, par la pénurie de sujets, à remplir à la hâte des vides nombreux.

L'attente de l'abbé des Genettes ne fut pas de longue durée et il fit enfin les premiers pas dans la carrière ecclésiastique, à laquelle il avait toujours aspiré. Ce fut le jour de Saint-Jean, 24 juin 1803, qu'il entra au séminaire. Les deux années qu'il y passa ne furent pas uniquement consacrées à l'étude; il avait acquis déjà des connaissances assez étendues en théologie, et on savait à quelles œuvres il s'était consacré pendant la persécution : aussi, M. Levavasseur, vicaire général qui habitait au séminaire et l'avait pris en amitié, le chargea de faire le catéchisme à la paroisse de Saint-Pierre, et dès qu'il fut dans les ordres majeurs, on lui proposa de faire le prône. L'abbé des Genettes était déjà monté en chaire à Courtomer, dont le curé, M. Desprez, son ancien maître, avait obtenu de l'évêque la permission de faire prêcher le jeune lévite, que tout le canton connaissait et aimait; mais se produire dans la ville épiscopale effrayait sa modestie, il s'y refusa d'abord; l'évêque lui ayant dit nettement « vous ferez le prône, ne résistez pas, » il se rendit, et son obéissance fut bénie, car on lui fit prêcher en outre plusieurs sermons soit à Séez, soit dans d'autres paroisses du diocèse, et particulièrement à Mortagne.

Ces occupations ne l'absorbaient pas tellement qu'il ne trouvât le temps pour satisfaire ce besoin de se dévouer, qui l'a toujours pressé pendant sa longue vie. Un des jeunes séminaristes, M. Lapierre, ne pouvant payer sa modique pension à l'établissement, avait été autorisé à se créer quelques ressources en faisant la classe dans le séminaire; l'abbé des Genettes se chargea pour lui d'une partie de ces pénibles fonctions, afin de ménager à son confrère quelques heures qu'il pût donner à l'étude.

C'est ainsi qu'il passa deux années au séminaire, objet d'édification pour ses jeunes confrères et d'espérances pour ses supérieurs, qui prévoyaient ce qu'on devait attendre d'un tel début dans la carrière.

CHAPITRE IV.

Il est élevé au sacerdoce.

Enfin, le 9 juin 1803, l'abbé des Genettes reçut le caractère sacerdotal qu'il porta pendant cinquante-cinq années avec un sentiment si profond de sa grandeur et de ses redoutables obligations.

On ne devait pas longtemps lui laisser goûter dans la retraite les douceurs de l'union du nouveau prêtre avec Jésus-Christ. Dès le lendemain de son ordination, l'évêque le fait appeler. « Vous êtes actif, lui dit-il, je vous fais curé de Saint-Lomer, et vicaire de Courtomer, du Plantis, de Gasprée et de Ferrière. » L'abbé des Genettes avait du zèle, il l'avait déjà prouvé, mais tant de fonctions obligatoires à la fois l'effrayèrent. Il fit remarquer au prélat que si le peu de bien qu'il avait pu faire dans le canton lui avait concilié l'affection de plusieurs, l'ardeur de ses convictions lui avait d'autre part suscité des ennemis; qu'il n'était pas prudent, peut-être, de réunir tant de titres officiels sur un prêtre dénoncé plusieurs fois aux autorités par la partie mal pensante de la population; qu'en l'attachant à une seule paroisse, il pourrait étendre tout autant son ministère sans éveiller des susceptibilités dangereuses. Ces raisons furent mal accueillies, et comme le jeune abbé insistait, l'évêque le congédia sèchement en lui disant : « Allez, vous aurez de mes nouvelles. »

C'est sous le coup de cette vague menace qu'il se rendit auprès de sa mère, qu'il trouva très-affaiblie par la maladie qui devait la lui ravir à peu d'années de là. La peine qu'il en ressentit lui rendit plus sensible encore le mécontentement de son évêque. Il croyait cependant avoir agi prudemment, et, pour rassurer sa conscience, il alla consulter le curé de Courtomer, qui l'approuva et lui promit ses bons offices à l'évêché;

peu de jours après, en effet, il fut nommé vicaire de Courtomer avec mission de faire ce qu'il pourrait dans les autres paroisses.

Les enfants qu'il avait élevés pendant la révolution vinrent avec bonheur se mettre sous sa direction. Tous les habitants des villages environnants écoutaient avec docilité le prêtre qu'ils avaient vu avant son sacerdoce se dévouer pour le salut de leurs âmes. Mais il devait bientôt être enlevé à leur affection. Huit ou neuf mois à peine s'étaient écoulés que son évêque le fait appeler et lui désigne un nouveau poste : celui de vicaire d'Argentan.

Cet ordre fut un coup terrible pour le jeune prêtre, qui se faisait un bonheur de consacrer à sa mère tous les instants que lui laissait son ministère. Mme des Genettes était alors de plus en plus souffrante, et sentit bien vivement cette séparation. Mais en donnant son fils à Dieu, elle avait mesuré toute l'étendue du sacrifice; elle savait qu'il avait contracté envers l'Église d'inviolables obligations, et, mère vraiment chrétienne, elle mit sa douleur au pied de la croix et renonça généreusement aux consolations que lui donnait la présence d'un fils bien-aimé.

Les paysans ne prirent pas la chose avec autant de résignation, et, profitant d'une indisposition de leur jeune vicaire, ils voulaient le retenir au milieu d'eux. L'abbé des Genettes dut tromper leur affection et s'en aller comme en cachette prendre des chevaux à la ferme de la Héberderie. Son départ ne fut pas cependant assez secret pour empêcher que quelques-uns de ces braves gens vinssent l'accompagner pendant quelque temps et le presser de nouvelles instances. Ils lui montraient leurs enfants en s'écriant : « Eh quoi ! vous ne voulez donc pas faire pour eux ce que vous avez fait pour tant d'autres? »

Ces marques d'affection le touchèrent vivement, et, sans affaiblir sa résolution, rendirent plus vif le regret qu'il éprouvait à quitter les lieux où il laissait sa mère. Son voyage fut bien triste.

En arrivant à Séez, il se rendit au séminaire, et le supérieur le voyant si abattu, le crut malade et exigea qu'il ne continât sa route que le lendemain. En faisant les cinq lieues qui lui restaient de Séez à Argentan, il se sentit comme envahi par un accès de mélancolie profonde. Effrayé de ce symptôme de faiblesse qui ne lui était pas ordinaire, il chercha des forces dans la prière, et tandis qu'il s'entretenait avec Dieu et lui demandait la grâce de faire toujours avec joie sa sainte volonté, il se sentit pressé de se vouer à l'éducation de la jeunesse, et quand il eut promis de suivre cette inspiration, la paix revint dans son âme. Arrivé à Argentan, il entra dans l'église, renouvela sa promesse au pied de l'autel et s'occupa d'abord de remplir la mission qu'il tenait de son évêque.

Bien accueilli par le curé, M. de Courmesnil, qui était son parent, on craignit de ne le pouvoir conserver, tant il paraissait exténué.

« Il fera du bien ici, disait le pasteur à Mlle de Corday (sœur de la fameuse Charlotte).

— Pas longtemps, je crois.

— Pourquoi?

— Ne voyez-vous pas qu'il s'en va! on nous l'a envoyé pour sanctifier notre cimetière. »

Il a, Dieu merci, bien démenti la prophétie de cette pieuse fille!

La ville d'Argentan était au fond très-religieuse, mais l'évêque constitutionnel Lefessier s'y était retiré. Assez riche, il avait réuni près de lui une douzaine de prêtres jureurs et s'était fait le centre d'un parti. Aux offices, ils venaient occuper une partie des stalles dans l'église paroissiale de Saint-Germain, où ils disaient la messe, et malgré l'éloignement que leur témoignait un clergé assez nombreux composé de vieux prêtres confesseurs de la foi pendant les mauvais jours, malgré l'échec que reçut l'évêque constitutionnel, qui osa y paraître en costume épiscopal et reçut du ministère la défense d'élever de pareilles prétentions, beaucoup de fidèles se laissaient entraîner dans cette mauvaise voie. Pour combattre une si dangereuse influence, il n'y avait qu'un curé, âgé déjà, et d'un caractère ami de la paix, et un vicaire, bonhomme, mais peu capable; le nombre et l'assurance des constitutionnels les intimidaient : ils redoutaient le scandale et laissaient faire.

L'abbé des Genettes comprit que, simple vicaire, il ne lui appartenait pas de prendre une initiative que déclinait son supérieur immédiat, mais tout en restant dans ses attributions, il ne tarda pas à commencer l'attaque.

Chargé des catéchismes, il leur donna toute la solennité possible, plaça les enfants dans la nef de l'église, fit ses instructions du haut de la chaire. C'était une nouveauté; d'ailleurs, on connaissait les antécédents du catéchiste, la curiosité s'émut, on vint en foule au catéchisme. Quand arriva le chapitre de l'Eglise, l'abbé des Genettes aborda de front le sujet de l'Église constitutionnelle, en démontra les vices radicaux et produisit un tel mouvement dans la ville, qu'au bout de quelques mois l'illusion se dissipa; on vit commencer les confessions générales, et le schisme tomba tout à fait.

Ce fut vers cette époque que mourut Lefessier. Sa fin ne fut heureusement pas, comme on le craignait, une occasion de scandale.

Au milieu des travaux et des difficultés de sa position nouvelle, l'abbé des Genettes n'oubliait pas l'état alarmant où il avait laissé sa mère chérie. Peu de mois après son installation à Argentan, vers les fêtes de Pâques (1806), il alla passer quelques moments avec elle et put avec douleur constater les progrès de la maladie. Au mois de juillet de la même année, il vit arriver à Argentan un domestique de son père avec une lettre qui le pressait de venir au plus vite. Il partit aussitôt sur l'un des chevaux qu'on lui avait amenés, et trouva sa mère bien malade. Prenant son père en particulier, et faisant appel à ses sentiments religieux, il l'éclaira sur l'état alarmant et presque désespéré que son affection ne voulait pas reconnaître; puis, redoutant l'explosion d'une douleur qui pouvait devenir fatale aux deux auteurs de ses jours, il le supplia de retourner à Mortagne, au moins jusqu'à ce que leur chère mourante eût reçu dans le calme les secours de la religion. Voyant leur père se résigner à ce sacrifice, sa sœur consentit aussi à se retirer chez un ami de la famille. L'abbé, alors, après avoir longtemps prié avec ferveur, se chargea de la mission si pénible pour un fils, mais que sa foi lui faisait considérer comme un devoir, d'annoncer à sa mère que ses heures étaient désormais comptées. La pieuse dame, qui avait communié huit jours auparavant, voulait remettre à un autre instant la visite du curé de Courtomer, son confesseur, que l'abbé avait fait avertir; elle craignait d'impressionner trop vivement son mari; mais quand elle sut qu'il était parti, et que son fils, en pleurant, lui eut révélé la gravité de sa situation, elle n'hésita plus. « Si tu en es convaincu, dit-elle, il faut de la force : c'est à toi de m'en donner; souviens-toi que tu es le ministre de Dieu, sers-toi de la force de ton ministère. — C'est toi qui me donneras les sacrements ; je ne te demanderais pas cela si je ne te connaissais pas. — J'ai pensé à cela depuis que tu t'es consacré à Dieu. »

L'abbé l'ayant laissée quelques instants avec son confesseur, rentra revêtu des insignes du sacerdoce et remplit auprès d'elle ce ministère qui nous paraît toujours si sublime au lit des mourants, et où il apportait à la fois les sentiments du prêtre et la tendresse du fils. Quand il demanda à sa mère si elle acceptait la mort, elle répondit d'une voix ferme : « Oui ; et je te dirai, mon fils, pour ta consolation que je ne savais pas qu'il fût si doux de mourir.— Je te remercie. »

Après la cérémonie, le curé de Courtomer, en prenant congé de l'abbé, l'embrassa et lui dit : « Consolez-vous, vous avez une sainte mère. »

Le lendemain, qui était un dimanche, il célébra la sainte messe avec un mélange de douleur, d'espérance et de consolation spirituelle, puis il vint s'établir auprès du lit de la malade, qui exigea qu'il retournât à l'église pour faire la procession du Saint-Sacrement. Elle avait conservé un grand calme pendant toute la journée ; le soir survint un orage qui l'affaiblit beaucoup. De temps en temps elle disait à son fils :

— Dis-moi quelque chose, parle-moi de Dieu.
— Mais cela vous fatigue.
— Non, non.

Et elle faisait le signe de la croix pour montrer qu'elle s'unissait aux pieuses considérations que lui suggérait son fils. C'est dans cet exercice de foi et d'amour que l'agonie la vint prendre.

Le mardi son corps fut porté, comme elle en avait témoigné le désir, à Courtomer. On fut obligé de faire le convoi de grand matin, sur la demande des paysans, qui voulaient absolument assister aux obsèques et donner ainsi un dernier témoignage d'attachement et de respect à la sainte femme qu'ils avaient tous chérie pendant sa vie.

Aussitôt après cette triste cérémonie qu'il avait faite lui-même, comme sa mère le lui avait formellement demandé, l'abbé des Genettes, le cœur brisé, courut à Mortagne, où son père effrayait ses amis par la violence de son chagrin. La présence de son fils lui rendit le calme et la résignation.

Nous allons raconter à présent un fait bien

extraordinaire, devant lequel cependant nous ne reculons pas. Nous en avons entendu le récit de la bouche du vénérable prêtre dont la parole est pour nous sacrée; après l'avoir consigné par écrit, nous le lui avons fait plus d'une fois répéter, pour bien nous assurer de l'exactitude de notre rédaction, et nous sommes sûr que nos souvenirs ne nous avaient pas trompé.

L'abbé des Genettes était retourné vers la fin de juillet à Argentan, où il avait repris l'exercice de son ministère. Huit jours avant l'Assomption, un samedi, il venait de se mettre au lit et repassait son prône pour le lendemain, quand il entendit une voix appeler doucement : « Des Genettes! des Genettes! » Il chasse cette pensée et reprend le fil de son instruction, quand la même voix prononce distinctement ces mots : « Ah, mon fils! » Éperdu, il sort de son lit, parcourt du regard sa chambre éclairée par la lune, et trouve tout dans le repos et le silence les plus complets. Regardant cet incident comme un jeu de son imagination toujours préoccupée du souvenir si récent de la perte de sa mère, il récite une prière pour elle et s'endort.

Mais, dans la même nuit, une des filles de son

hôte, qui partageait avec sa sœur une des pièces de l'appartement, se réveille en sursaut, voit la chambre éclairée par une vive lueur, et entend distinctement réciter le *Pater* jusqu'aux paroles *adveniat regnum tuum;* elle croit d'abord que c'est sa mère, couchée près de là, mais elle voit une femme inconnue agenouillée près du foyer ; elle lui parle, tout disparaît et elle se retrouve dans les ténèbres. Le lendemain, cette jeune personne, très-pieuse, va confier sa vision à une ancienne religieuse qui lui conseille de chasser ces idées-là, et raconte elle-même au curé ce qui est arrivé. La veille de l'Assomption, la jeune demoiselle est encore réveillée : elle entend le bruit d'une conversation faite à demi-voix, elle voit l'abbé des Genettes assis près d'une dame qui lui disait : « Sois tranquille sur mon sort, des Genettes, Dieu m'a fait grâce aujourd'hui. » Elle ajoutait : « Rassure-toi sur les messes que m'avait confiées ta tante Lefebvre, j'en ai donné une partie à J..., curé de X..., à l'abbé de B..., à L..., à B..., à D... Quant à la sœur D..., je lui devais 37 livres 10 sous, elle est allée chez ton père, à Mortagne, et il les lui a payés aujourd'hui. Les sacrifices que tu as faits pour moi à l'heure de ma mort m'ont beaucoup servi devant Dieu. » Frappée de cette vision, qui semblait se rapporter à la première, elle en fait le lendemain part à l'abbé et lui rapporte les paroles qu'elle a entendues.

— Et comment était vêtue la dame que vous avez vue?

Elle décrit exactement le costume que madame des Genettes portait habituellement à Saint-Lomer, elle ajoute sur les traits du visage des particularités qui font reconnaître cette dame. L'abbé, confondu, ne peut plus douter quand il entend donner ces détails intimes sur des faits connus seulement de sa mère et de lui, et répéter ces noms de prêtres que la jeune fille n'avait jamais entendu prononcer, non plus que celui de la sœur Deschamps. L'assurance qu'il eut alors du bonheur de celle qu'il pleurait adoucit beaucoup l'amertume de ses regrets, et, plein de reconnaissance pour le divin Maître, il s'occupa avec plus de zèle que jamais des âmes qui lui étaient confiées.

CHAPITRE V.

Il se livre à l'éducation de la jeunesse.

Il n'oubliait pas cependant la promesse qu'il avait faite de se vouer à l'instruction de la jeunesse : sans se départir de ses fonctions de vicaire, il réunit une vingtaine de jeunes gens, et secondé par M. Tempier, à qui il avait donné les éléments de l'instruction pendant son premier séjour à Saint-Lomer, qu'il avait conduit avec lui au séminaire, et qui depuis devint curé dans le diocèse, il leur donna l'éducation chrétienne, si précieuse toujours et si rare à cette époque. Depuis quatre ans environ il soutenait cette œuvre quand l'évêque, instruit de ses succès, jeta les yeux sur lui pour relever une maison qui tombait. C'était à Laigle, où un saint prêtre, l'abbé Pichon, avait consacré sa petite fortune à l'établissement d'un collége qui contenait une soixantaine de pensionnaires. Sa mort avait mis en question l'existence de cette utile maison, on ne savait par qui le remplacer ; l'abbé des Genettes réunissait toutes les qualités requises, et quoiqu'il lui en coutât de renoncer à sa position actuelle pour courir les chances d'une œuvre qui n'avait pas été organisée par lui, il se rendit aux instances de l'évêque et de M. Gallois, vicaire-général du diocèse, qui le connaissait, l'appréciait et avait beaucoup d'influence sur lui.

Arrivé à Laigle, il trouve, comme il ne s'y attendait que trop, tout à refaire. L'évêque avait donné 1,200 francs; avec cette avance, M. des Genettes achète une maison de 10,000 francs, l'approprie, la meuble, y fait construire une chapelle. On s'effrayait de la dépense, mais toujours plein de confiance en Dieu, rien ne l'arrêtait; d'ailleurs, il avait son patrimoine, sur lequel il a si bien compté pour ses œuvres de charité, que trente ans avant sa mort il ne possédait plus absolument rien. Ses efforts furent couronnés de succès : au bout de peu de mois il avait cent trente-cinq élèves répartis dans toutes les classes jusqu'à la rhétorique inclusivement. Tout promettait un bel avenir à cette institution naissante, quand le décret du 11 novembre 1810 vint supprimer toutes les maisons d'éducation ecclésiastiques et confisquer les édifices avec leurs mobiliers, qui devaient être attribués à de nouveaux établissements en nombre égal à celui des diocèses de France, et dont les professeurs seraient nommés par le grand-maître de l'Université. Pour le diocèse de Séez, la ville épiscopale devait être le siége du nouveau collége. Quand il eut connaissance de ces dispositions fatales à son œuvre, l'abbé des Genettes se hâta d'écrire à M. Emery, supérieur de Saint-Sulpice, conseiller d'État, et à qui la droiture de son esprit, ses vastes connaissances et ses admirables vertus avaient gagné la confiance des ministres et de l'empereur lui-même. Il lui exposait que la maison et le mobilier étaient sa propriété personnelle, et demandait s'il ne lui serait pas possible de conserver ses élèves en prenant le titre de simple institution. M. Emery lui répondit que, ayant exposé à M. de Fontanes la situation du collége de Laigle, il l'avait trouvé dans de bonnes dispositions; que le grand-maître serait fâché de voir disparaître un établissement si utile, et qu'il l'autorisait provisoirement à continuer jusqu'à ce qu'on eût pu régulariser sa position. Quelque temps après M. Emery écrivit une seconde lettre dans le même sens, et à laquelle M. de Fontanes avait bien voulu ajouter quelques mots d'éloge et d'encouragements.

Fort de cet appui, l'abbé des Genettes ne se mit pas en souci de faire de nouvelles démarches et continua à diriger sa maison. Malgré la cherté des vivres, et quoique la recette ne s'élevât pas à 6,000 fr., il entretenait 135 élèves, payait sept professeurs et les domestiques nécessaires, et pouvait encore venir en aide à l'autorité municipale en partageant avec elle ses provisions de farines. Tant de dévouement et un désintéressement aussi absolu auraient dû, aussi bien que l'importance réelle de son pensionnat, le préserver des tracasseries administratives. Mais il avait des ennemis politiques; peut-être aussi quelques basses jalousies s'irritaient du succès de son œuvre, et comme on le savait favorisé par le grand-maître, on l'attaqua près du ministre de la police. Quelles furent les dénonciations faites contre lui, il l'a toujours ignoré, mais il n'était pas difficile d'éveiller les susceptibilités ombrageuses de la police contre un homme dont la jeunesse avait été employée comme celle de M. des Genettes, et qui ne cachait en aucune occasion ses sentiments de royalisme. On pouvait d'ailleurs le frapper sans trop d'arbitraire, puisqu'il se trouvait, quoique officieusement autorisé, dans une situation extra-légale. C'est ce qui arriva à la fin de juillet 1811.

Un dimanche matin, il reçut une lettre d'Argentan. On l'avertissait qu'un inspecteur était arrivé avec la mission de faire fermer sa maison; que M. de Fontanes avait recommandé d'user envers lui de tous les égards possibles, mais que la sentence devait s'exécuter. M. des Genettes comprit bien qu'il n'y avait pas de résistance possible, et résolut de prendre les devants. Il annonça à tout son personnel qu'il avançait l'époque des vacances, et que tous, maîtres et élèves, partiraient le lendemain matin. Quatre ou cinq seulement, dont les familles étaient éloignées, restèrent près de lui avec un professeur.

Le lundi, vers dix heures, l'inspecteur arrive,

et trouve sur la porte un écriteau annonçant que la maison est en vente ; dans l'intérieur, des experts estimaient le mobilier, les classes étaient désertes.

— Où sont donc vos élèves?

— En vacances depuis ce matin, et ils ne rentreront pas, je ferme mon pensionnat.

— Vous m'épargnez une mission qui m'était fort désagréable ; mais je dois procéder à l'apposition des scellés, car aux termes du décret...

— Pardon, mais vous n'êtes pas chez un supérieur d'établissement ecclésiastique ; vous êtes chez un propriétaire, qui en ce moment même fait acte de propriété, car tout ce qui est ici m'appartient, et je le vends.

La maison fut vendue dans la même semaine à un maître de pension qui espérait, en acquérant le local, conserver une partie de la clientèle, et M. des Genettes, qui ne restait à Laigle que pour conclure cette affaire, retourna à Argentan, où le curé l'avait rappelé par une lettre très-pressante, dans laquelle il lui offrait le vicariat de Saint-Martin, qui se trouvait vacant. Il accepta cette offre, et vint s'établir près de sa nouvelle église avec quelques-uns de ses anciens élèves.

On lui suscita d'abord quelques difficultés, mais quand il fut prouvé qu'il ne faisait pas payer de pension, que d'ailleurs ses enfants suivaient les classes du collége où ils se distinguaient, on le laissa tranquille.

M. de Fontanes, à qui les rapports sur toute cette affaire avaient inspiré une véritable estime pour l'abbé des Genettes, le nomma chef du collége qui devait, à Séez, remplacer les maisons ecclésiastiques du diocèse. Cette mission répugnait à l'abbé, qui ne se souciait pas de devenir fonctionnaire d'un gouvernement à qui il était ouvertement hostile ; on lui représenta que son refus amènerait peut-être une nomination dont les familles chrétiennes auraient lieu de s'affliger et qu'il devait sacrifier ses antipathies personnelles au bien général. Il accepta donc et alla visiter avec le maire de la ville le local affecté au nouvel établissement. C'était l'ancien séminaire du diocèse, bâtiment vieux, délabré, qu'on n'entretenait plus depuis longues années. Il fut reconnu que c'était inhabitable, et comme le maire déclarait que la ville ne pourrait supporter la part des dépenses qui lui incomberaient, M. des Genettes profita de l'incident, et sans refuser les fonctions qui lui étaient offertes, écrivit à M. de Fontanes que, vu l'état des choses, il ne les pouvait remplir. Le ministre n'était pas, à ce qu'il paraît, en mesure de lever les obstacles, et on n'entendit plus parler de cette nomination.

CHAPITRE VI.

Son séjour à Argentan.

C'est peu de temps après son retour à Argentan qu'il perdit son père. Nous avons dit comment, à l'époque de la révolution, ce digne magistrat, tout en conservant les vertus qui le distinguaient, avait cédé à l'entraînement des mauvais jours et abandonné la pratique de la religion, pour laquelle il avait cependant un respect sincère. Son fils ne pouvait sans douleur penser à la perte d'une âme si chère, et pendant qu'il était au séminaire il avait avec instance demandé à Dieu de la ramener à lui. Vers les premiers jours de 1804, il écrivit à sa mère pour l'engager à s'unir à lui, ainsi que sa sœur. Il leur proposait de réciter pendant trente jours le *Veni Creator*, l'*Ave Maris Stella*, le *Salve Regina* et une prière à l'ange gardien; de se confesser et de communier toutes les semaines. Peu de jours après la fin de ces exercices pieux, madame des Genettes recevait de Mortagne une lettre dans laquelle son mari lui annonçait qu'après de mûres réflexions il s'était décidé à accomplir désormais avec exactitude ses devoirs religieux. Rendant hommage à la piété de sa femme, et par un touchant témoignage d'intime confiance qui les honore tous deux, il lui demandait son assistance pour l'examen de sa conscience. L'abbé, instruit de sa détermination, se hâta de lui écrire, et reçut la réponse que nous sommes heureux de pouvoir citer textuellement :

« Je rencontre à chaque mot de ta lettre, mon
« bon ami, tes sentiments exquis de tendresse
« filiale ; c'est l'expression de ton cœur, tu sais
« parler au mien, me tirer des larmes d'atten-
« drissement et de joie. Oui, mon cher fils, après
« de très-mûres réflexions, je me suis assuré
« qu'il n'y avait que Dieu qui pût remplir le vide

« infini de l'esprit et du cœur de l'homme. Pé-
« nétré de la vérité des premiers principes, de
« ceux surtout que professait le vertueux et im-
« mortel Daguesseau, j'ai pris la ferme résolution
« de ne manquer jamais de rendre à l'Être éter-
« nel ce culte spirituel, ce tribut d'hommages
« et d'adoration que toute créature intelligente
« doit regarder comme son premier devoir. La
« simplicité d'un paysan qui croit fermement
« tous les mystères de la religion, et cela parce
« que Dieu les lui fait croire, me paraît infiniment
« préférable à la doctrine de tous ces savants qui
« se perdent en voulant sonder les profondeurs
« de la sagesse de Dieu, en tentant de mesurer
« l'immensité de sa toute-puissance.

« Je renonce à cet esprit de curiosité malheu-
« reuse, source de tant d'erreurs, et je me dis :
« *Quac precepit tibi Deus, illa cogita semper; et in*
« *pluribus operibus ejus ne fueris curiosus. Non*
« *est enim, tibi necessarium ea quæ abscondita sunt*
« *videre oculis tuis.*

« Dieu qui a fait sortir en un instant la lumière
« des ténèbres, change les substances aussi
« promptement qu'il les a créées; voilà ma profes-
« sion de foi. C'est un don de Dieu qui exige une

« reconnaissance sans bornes; cet Être infi-
« niment miséricordieux a bien voulu prévenir
« en moi la lumière de la raison par celle de la
« foi.

« Je me souviens avec plaisir de cette pensée
« sublime du pathétique Massillon : il y a dans
« les maximes de l'Évangile une noblesse, une
« élévation où les cœurs vils ne peuvent attein-
« dre; la religion, qui fait les grandes âmes, ne
« paraît faite que pour elles, et il faut être
« grand ou le devenir pour être chrétien.

« J'ai bien des grâces à rendre à Dieu, qui m'a
« donné pour compagne une épouse vertueuse,
« un modèle de sagesse, une femme pleine de
« douceur et de bonté je ne connais rien au-
« dessus de son esprit que les qualités de son
« cœur; elle fait mes délices. J'y joins encore le
« bonheur d'avoir deux enfants dont la vertu s'est
« toujours élevée au-dessus de la corruption du
« siècle au point que le vice n'eut jamais la
« plus petite prise sur eux. Puissions-nous tous
« les quatre ne former qu'un esprit, qu'un cœur;
« puissions-nous regarder la sagesse des mœurs
« comme le plus précieux de tous les biens,
« comme un lien solide et durable que la vertu

« nous donne et que la fortune ne peut jamais
« nous ôter.

« Voilà, mon cher fils, l'étendue de mes
« vœux; je suis sûr qu'ils te conviennent. Tu
« connais mon attachement pour toi. »

« Ton père et ami,

« Dufriche des Genettes.

« 24 mars 1804. »

Une pareille lettre devait combler de joie un fils aussi tendre et un chrétien aussi fervent que l'était le jeune abbé des Genettes. Ce bonheur fut durable; car une fois rentré dans la bonne voie, son père y persévéra jusqu'à la mort.

Mademoiselle des Genettes, qui, depuis la mort de sa mère, demeurait avec lui à Mortagne, envoya chercher l'abbé quand la maladie parut dangereuse. Il partit aussitôt, mais trouva son père sans connaissance. Deux heures après une crise survint, qui rendit le malade à lui-même, mais augmenta le danger. L'abbé fit appeler le curé, le priant d'apporter les saintes huiles, et comme tout retard pouvait être fatal, il confessa son père, qui, après avoir reçu l'absolution, lui dit : « Je te remercie, mon fils, je n'oublierai jamais ce service-là. » Il ne devait en garder le souvenir que dans le ciel, car le curé étant arrivé, il reçut l'extrême onction, le saint viatique, et mourut.

L'abbé des Genettes présida aux obsèques de son père, comme il avait fait à celles de sa mère. Heureux prêtre, dont le ministère a fortifié les auteurs de ses jours dans ces derniers moments décisifs pour le salut, et dont les prières ont pu s'adresser avec confiance à Dieu pour ces âmes dont il connaissait la foi et la piété!

Vers la fin de 1813, la ville d'Argentan était encombrée de blessés et de prisonniers de guerre, qu'on avait entassés dans un ancien couvent. Les mesures avaient été si mal prises, que ces malheureux ne reçurent pas de nourriture le soir de leur arrivée. Le lendemain, ils imploraient par les fenêtres la pitié des passants et demandaient du pain. M. des Genettes, ému de ce triste spectacle, se rendit sur la place du marché, où se promenait un officier de gendarmerie, à qui il fit des représentations, et qui lui répondit froidement que ce n'était pas son affaire. Après une discussion assez vive, il obtint de lui qu'il lui ferait ouvrir les portes de la prison ; il y pénétra avec quelques personnes, qui, touchées par ses exhortations, en ressortirent de suite et revinrent chargées de pain qu'elles avaient recueilli dans la ville. Cependant le typhus ne tarda pas à se déclarer et à faire de rapides progrès. Le zélé vicaire de Saint-Martin voyait avec douleur ces pauvres gens mourir presque sans secours. Il commença par faire un appel à la charité des fidèles : une trentaine de personne organisèrent, sous sa direction, une quête en leur faveur. On recueillit ainsi de l'argent, du linge, des soulagements de toute espèce. Mais les besoins du corps n'étaient pas ceux qui préoccupaient le plus le ministre des âmes; il y avait parmi ces douze cents hommes un grand nombre de catholiques, pouvait-on les laisser mourir sans sacrements? Les prêtres de la ville à qui il exposait sa peine, la ressentaient comme lui; mais, ne parlant pas allemand, ils voyaient leurs bons désirs paralysés : « N'importe, leur dit alors l'abbé des Genettes, je vais y aller : si je ne puis les confesser, ils auront du moins la consolation de voir un prêtre. » Et il pénétra résolument dans ce foyer d'infection. Son charitable dévouement trouva sa récompense dans le bien qu'il put faire. En apercevant un prêtre au milieu d'eux, les malades lui tendaient les bras, faisaient le signe de la croix pour montrer qu'ils étaient catholiques, baisaient le crucifix et répondaient de leur mieux à ses signes. Après une ou deux visites, car il s'était fait une règle de s'y rendre chaque matin, il découvrit un sous officier hongrois qui parlait latin, et qui se fit son interprète auprès de ses camarades. Il put ainsi leur adresser des exhortations, les consoler, les encourager et même les confesser, car ces braves gens n'hésitaient pas à faire passer leurs péchés par la traduction du sergent. Aidé par M. l'abbé Alleaume, chapelain de l'hôpital, il donnait par jour l'extrême onction à trente et quarante malades, qui tous succombaient dans la journée. Au 3 janvier 1814, il ne restait plus qu'une soixantaine d'hommes, parmi lesquels le sergent hongrois; ce jour-là, la maladie fit irruption dans la ville; quatre-vingt-trois personnes furent atteintes presque à la fois. M. des Genettes allait dîner chez une de ses parentes; à moitié chemin, il est comme foudroyé; il lui semble qu'il reçoit dans les reins un violent coup de bâton, ses forces l'abandonnent, on le transporte à son domicile, et, pendant trois semaines, il reste entre la vie et la mort. Cependant, son zélé coopérateur, M. Alleaume, avait aussi été frappé et était mort dès le 6 janvier ; l'idée d'abandonner ses chers soldats était insupportable au bon vicaire, et malgré la fièvre, malgré la faiblesse, il se traînait chaque matin dans les salles. Avec un pareil régime, les prescriptions médicales étaient assez inutiles, aussi M. des Genettes refusa-t-il de voir un médecin, et quand, comme par force, on lui en eut amené un qui, sans s'expliquer sur son état, écrivit une ordonnance, il n'en voulut tenir aucun compte. Il avait plus de confiance dans les cierges que les paroissiens de Saint-Martin et de Saint-Germain faisaient brûler pour lui à l'autel de sainte Anne. Tous les jours il voyait passer des convois sous ses fenêtres. Les pauvres soldats mouraient sous ses yeux à l'hôpital, et cependant il n'eut jamais la pensée qu'il dût succomber à la maladie. Soutenu par l'énergie de son caractère, il put célébrer la sainte messe le 2 février, et recouvra peu à peu la santé. Cependant il perdit tout à fait la mémoire, que jusqu'alors il avait eue excellente. Pendant qu'il était malade, il ne pouvait venir à bout de réciter son *Pater*, et ne reconnaissait pas même ses parents. Depuis lors il n'a pu rien apprendre par cœur, et dut contracter l'habitude que nous lui avons connue de lire ses prônes. C'est plus tard qu'il cessa d'écrire, et commença à se livrer en chaire aux épanchements de son cœur. De là ces allocutions que nous avons entendues, bien longues quelquefois, sans ordre, dépouillées de tout le prestige de l'art, mais où sa piété et son ardent amour des âmes se révélaient à chaque parole, et qui si souvent ont fait la plus salutaire impression sur des pécheurs endurcis.

Il est assez remarquable qu'au moment où sa mémoire était le plus rebelle, elle conservait fidèlement tout ce qui avait rapport à son ministère. Il nous a raconté plus d'une fois le fait suivant. Il venait à peine de reprendre ses fonctions après sa maladie; il confessait un soir dans une chapelle assez obscure. Un étranger se présente et lui dit que deux ans auparavant il a, dans cette église, commencé une confession générale à un prêtre qu'il ne connaissait pas; que, forcé de partir à l'improviste pour l'Amérique, il n'avait pu revenir au jour fixé... M. des Genettes l'interrompt : « C'est à moi que vous vous êtes confessé; vous ne reconnaissez pas le confessionnal parce que vous étiez placé de l'autre côté; vous en êtes resté à tel commandement. » Et par quelques questions positives il lui prouve qu'il le reconnaît parfaitement.

Peu de temps après que la mortalité eut cessé dans la ville, il arriva à Argentan un convoi de trois cents Espagnols, tous prêtres ou religieux. On les fit, avant d'entrer, stationner dans la neige au lieu nommé les Trois-Croix, à peu de distance de la maison de M. des Genettes. Averti de leur présence, le bon prêtre courut auprès d'eux, les entretint avec charité, fit distribuer par ses élèves du cidre et du pain à ceux qui se sentaient trop fatigués, leur donna à tous des consolations. Le lieutenant de gendarmerie, qui n'entendait pas le latin, témoignait quelque inquiétude de toutes ces conversations; mais, se rappelant sans doute la scène du marché, il ne s'y opposa point. Quand ces pauvres prisonniers surent qu'on les enfermait dans le même couvent où tant de soldats venaient de succomber au typhus, ils s'écrièrent qu'on voulait les faire périr à leur tour et firent des réclamations qui ne furent pas écoutées. M. des Genettes alors se rendit à la mairie, et représenta combien il était dangereux pour la ville, à peine délivrée du fléau, de réunir ainsi, dans un local infecté, des hommes que les fatigues et les privations de l'exil avaient déjà prédisposés à la maladie, et dont les imaginations frappées rendaient le danger plus imminent. On se rendit à des motifs si pressants, et les prisonniers furent autorisés à sortir dans la ville, où chacun s'empressa de leur faire accueil et de leur adoucir la captivité. Le dimanche qui suivit leur arrivée, ce fut encore leur charitable et zélé protecteur qui rappela aux autorités que ce serait une abominable tyrannie de priver sans motif des ecclésiastiques du bonheur d'assister au saint sacrifice; ils furent désormais conduits régulièrement à l'église.

Enhardi par ses succès, M. des Genettes écrivit encore au commissaire impérial, M. de Latour-Maubourg, pour lui demander l'autorisation d'employer dans son vicariat quelques-uns des religieux qui pouvaient se rendre utiles. Le général lui accorda sa demande avec toute la bonne grâce possible.

Vers la fin de la même année 1813, M. des Genettes reçut un témoignnage bien honorable de la confiance qu'avaient inspirée son caractère, sa foi solide et ses lumières.

Mgr de Boischollet étant mort vers 1812, à Nantes, où il était exilé depuis environ deux ans, l'Empereur nomma au siége vacant M. Baton, chanoine et vicaire général de Rouen. Depuis sa détention à Savone, le pape Pie VII refusait de donner l'institution canonique aux évêques nommés par le gouvernement impérial. Nous ne devons pas ici retracer l'histoire de ces malheureux temps; qu'il nous suffise de rappeler que, malgré les rapports des évêques français et italiens et des cardinaux envoyés à plusieurs reprises auprès du Pape [1], malgré le décret du prétendu concile de Paris (5 août 1811), malgré les actes extorqués plus tard au Pape, à Fontainebleau, et qu'on voulait faire passer pour un nouveau concordat, les évêques nommés n'étaient reconnus ni par le clergé ni par le peuple. L'Empereur, malgré son irritation contre Pie VII, se refusait sagement aux mesures

[1] MM. les archevêques de Tours, de Pavie, de Malines; les évêques de Nantes, de Faenza, de Plaisance, de Feltre, d'Évreux, de Trèves; les cardinaux Doria, Dugnani, Roverella, Ruffo, de Bayanne.

extrêmes où le poussaient des conseillers hostiles au Saint-Siége. Son génie gouvernemental lui faisait apprécier toutes les conséquences d'un schisme, et plutôt que de le rendre inévitable par une initiative trop ouverte, il employait tous les moyens pour amener Pie VII à ses fins. Afin d'amortir l'effet du refus des bulles, le gouvernement engageait les chapitres à donner les pouvoirs de vicaires généraux capitulaires aux évêques nommés, et cette précaution avait été prise pour M. Baton. Mais on connaissait à Séez les brefs adressés au cardinal Maury, à l'abbé Corboli, archidiacre de Florence, à l'abbé d'Astros, vicaire capitulaire de Paris, dans lesquels le Pape avait désapprouvé cette manœuvre comme contraire aux lois canoniques et injurieuse à son autorité. M. des Genettes soutenait chaudement ces principes qui furent si généralement adoptés, que les paysans eux-mêmes, quand ils s'adressaient à l'évêché pour quelque dispense, refusaient de la recevoir de l'évêque nommé et demandaient la signature d'un vicaire général. Cet état de choses paraissant insupportable au clergé, on se décida à faire consulter le Pape. M. des Genettes fut choisi pour cette commission délicate. Il vint donc à Paris, où, s'étant abouché avec un catholique fervent, il apprit que les affaires avaient pris une tournure très-inquiétante. C'était après la noble lettre que le Pape écrivit le 24 mars 1813 à l'Empereur, pour rétracter les concessions qui lui avaient été arrachées à Fontainebleau. Le Cardinal de Pietro avait été arrêté et relégué à Auxonne; les autres membres du sacré Collége présents à Fontainebleau avaient reçu, sous peine de prison, la défense de parler d'affaires au Pape, et d'entretenir aucune relation avec le clergé et les laïques de l'empire. La permission qui avait été accordée d'assister à la messe du Saint Père et de lui demander des audiences était révoquée. Pie VII était tenu comme au secret, et ses conseillers surveillés de près. Cela n'empêchait pas bien des catholiques de se rendre à Fontainebleau pour entretenir les cardinaux d'affaires spirituelles; mais, comme chacun des visiteurs pouvait être un agent de la police, les rapports étaient extrêmement gênés et circonspects. L'affaire dont M. des Genettes était chargé présentait surtout une difficulté spéciale, puisque le refus du Pape d'accorder les bulles aux évêques, ou d'ajouter au concordat un article additionnel où il déléguerait ce droit aux métropolitains, était la principale cause des rigueurs dont il était l'objet. L'envoyé du clergé de Séez, voulant ne pas compromettre le succès de sa mission, alla s'ouvrir au R. P. Picot de Clorivière, de la Compagnie de Jésus, en qui il avait la plus grande confiance. Ce vénérable religieux le mit en rapport avec un des théologiens du Pape, l'abbé della Rocca, qui habitait alors le couvent de Saint-Michel, et qui, après l'avoir attentivement écouté, le dissuada d'aller à Fontainebleau, et lui donna le moyen de correspondre avec le cardinal Gabrielli. En réponse au mémoire qu'il avait adressé au nom du clergé de Séez, il reçut une lettre qui le nommait administrateur du diocèse. Il refusa, et proposa au choix du Saint Père deux prêtres dont les sentiments lui étaient parfaitement connus, et il reçut l'ordre de transmettre, au nom du Pape, les pouvoirs à celui des deux qu'il jugerait plus opportun. De retour à Séez, il parvint à vaincre les répugnances de M. Levavasseur, ancien vicaire général de Mgr de Boischollet, et à lui faire accepter cette charge. Le secrétaire de l'évêché, prêtre très-bien pensant, présentait tous les actes à la signature de l'administrateur apostolique. Cependant M. Baton n'ignorait pas ce qui se passait, et, dans une réunion du clergé, dit hautement qu'il savait bien qu'on entretenait le trouble dans son diocèse, qu'il en connaissait le principal agent, et que l'Empereur saurait se faire obéir. Le supérieur du séminaire voulait que M. des Genettes se cachât, mais il s'y refusa, et fit bien, car le moment approchait où les craintes allaient être dissipées par les événements.

Son activité, sa piété, son zèle lui avaient acquis l'estime et l'affection non-seulement des paroissiens de son vicariat, mais des habitants de toute la ville d'Argentan, où d'ailleurs ses relations de famille et de société lui donnaient une grande influence. Il était difficile que, dans un moment où l'agitation des esprits était extrême, il ne prît point part au mouvement si conforme à ses opinions politiques qui se manifestait dans la province. Il portait là l'ardeur qui le caractérisait en tout, était initié aux révolutions du comité royaliste, connaissait les ramifications du complot organisé dans la basse Normandie et en suivait le développement.

Des armes étaient cachées du côté de Carentan, on comptait sur quinze cents prisonniers espagnols que le gouvernement avait internés dans ces contrées, des conscrits réfractaires et des émigrés parcouraient la campagne et travaillaient l'opinion. Plus d'une fois M. des Genettes fut compromis par la hardiesse de ses paroles.

Dans ces dispositions, il n'est pas difficile de comprendre avec quel enthousiasme il apprit la nouvelle du retour des Bourbons. Ce fut le jour de Pâques, à six heures du matin, qu'il en fut instruit. Il chantait ce jour-là la grand'messe, et, dans l'élan de sa joie, il entonna le *Domine, salvum fac regem*, à la rentrée de la procession, et le fit répéter neuf fois.

Il n'y avait pas d'ordres donnés à cet effet, beaucoup d'assistants ignoraient encore le changement survenu dans les affaires publiques, les autorités n'étaient pas changées, aussi fut-on d'abord stupéfait de cette audace. Quelques voix cependant s'étant unies à la sienne, toute l'assemblée répéta le chant. Le curé de Saint-Germain lui ayant fait ensuite quelques reproches et exprimé quelques craintes. « — Laissez-moi

faire, lui répondit l'abbé, je me charge de tout. »
Et en effet le soir, avant le salut, il monte en
chaire, et sur le texte du jour : *hæc dies quam fecit
Dominus, exultemus et lætemur in ea*, il fait un
discours royaliste qui produit une impression
profonde; la nouvelle d'ailleurs s'était répandue
dans la ville; après l'office on fit des promenades
avec la cocarde blanche. Les soldats qui for-
maient à Argentan les dépôts de quelques régi-
ments manifestèrent leur mécontentement, l'autorité jugea prudent de les éloigner de suite.
Cependant, quoique la grande majorité des habitants vît avec bonheur le retour des Bourbons,
on n'avait pas confiance dans les événements, et
craignant un revirement de fortune, on n'osait
pas faire de réjouissances publiques. Notre abbé
prit encore l'initiative : le dimanche de Quasi-
modo, il fait illuminer la façade de sa maison,
qu'il avait ornée d'inscriptions et de guirlandes;
la foule s'y porte, on forme des danses, on chante
Vive Henri IV! le mouvement est donné, la ville
entière manifeste bruyamment sa joie.

Cependant un certain nombre de ses élèves
ayant terminé leurs études littéraires, le moment
était venu de les faire entrer au séminaire. Le

supérieur ayant écrit que la difficulté des temps ne lui permettait pas de les admettre à titre gratuit, M. des Genettes se décida à louer à Séez une maison où il alla demeurer avec eux. Ils suivaient les cours du séminaire, et revenaient, sous la direction de leur maître dévoué, se livrer à l'étude et à la prière. Le dimanche, ils s'exerçaient aux cérémonies ecclésiastiques à la paroisse, où ils servaient à l'autel.

C'est au milieu de cette vie paisible et studieuse que les événements de 1815 vinrent les surprendre. M. des Genettes se trouvait alors momentanément à Argentan. Ayant su que ses élèves laissaient, avec toute l'ardeur et l'imprudence de leur âge, éclater leurs sentiments royalistes et qu'ils faisaient retentir le quartier de leurs chansons redevenues séditieuses, il se hâta de les aller rejoindre, car une grande responsabilité pesait alors sur lui. Il prêcha la prudence, mais sans être écouté. On avait résolu de partir pour répondre à l'appel de Louis XVIII. Ne pouvant modérer leur fougue, l'abbé voulut au moins la diriger, et se mettant à leur tête, il se rendit au son du tambour à la mairie, où le maire les complimenta sur leur dévouement, mais se hâta de dénoncer M. des Genettes comme auteur de troubles et agent royaliste. Deux des jeunes gens allèrent à Alençon se mettre à la disposition du prince de Broglie, qui, prévenu par une lettre de M. des Genettes, les remercia de leur zèle, leur dit que le moment n'était pas venu de le mettre à l'épreuve, et les renvoya chez leur maître en leur promettant de les appeler dès qu'il y aurait des forces organisées. Ils ne devaient pas y rester longtemps en paix. Le mercredi saint on apprit l'entrée de l'Empereur à Paris, et à neuf heures du soir, un ami vint avertir M. des Genettes qu'il était arrivé un ordre du ministre de la police en vertu duquel il serait arrêté le lendemain matin et conduit à Vincennes ; ses élèves aussitôt le pressent de s'enfuir, un d'eux lui prête des vêtements laïques, un autre va chercher un cheval, et par une nuit noire on se met en route pour Argentan. Deux des jeunes gens accompagnaient à pied leur cher maître ; un des deux devait ramener la monture à Séez, l'autre était le jeune Rivard, dont le nom se retrouvera plus d'une fois dans cette notice, et qui, malgré les instantes prières de M. des Genettes, voulut lui donner cette première preuve d'un dévouement qui jamais ne s'est démenti depuis.

Ils descendirent d'abord chez un boulanger dont la discrétion leur était assurée, puis Rivard alla frapper à la porte d'une veuve, dont la maison très-retirée offrait un asile à la sécurité duquel la vivacité de ses sentiments religieux et royalistes ajoutait encore. Il n'était pas jour : c'était un moment de trouble et d'inquiétude surtout pour les royalistes; aussi la bonne dame se mit-elle à la fenêtre pour s'enquérir du motif d'une visite aussi matinale. — Qui va là? — Rivard. Ouvrez vite! Elle connaissait le jeune homme, qu'elle croyait à Séez; le voyant à Argentan à pareille heure, elle pressentit un malheur, descendit elle-même ouvrir, et se hâta de mettre une chambre à la disposition du proscrit, en recommandant de le faire entrer par une petite porte du jardin, car le jour commençait à paraître. M. des Genettes arriva donc, et en entrant dans la maison, il entendit le jardinier qui disait : « Si je ne savais pas que M. des Genettes est à Séez, je croirais que c'est lui qui vient de passer avec un jeune homme. La situation était dangereuse, sa présence ne pouvait manquer d'être bientôt connue; aussi fit-il appeler M. Letellier, son parent, qui lui dit qu'on avait visité les voitures publiques à Argentan, à Séez, à Mortagne et à Alençon, pour voir s'il ne s'y trouvait pas. Il lui conseilla de passer la journée dans sa retraite, et le lendemain vint le prendre dans sa voiture et le conduisit à Falaise, d'où il devait ensuite se diriger sur Caen ou passer en Angleterre.

Arrivé à Caen, il va demander l'hospitalité au curé de Saint-Pierre, qui le reçoit affectueusement et lui apprend qu'il est impossible qu'il s'embarque pour l'Angleterre, et que le mieux est de rester caché en France. M. des Genettes ne voulait pas compromettre son charitable confrère, et après s'être consultés, il fut décidé que le supérieur du Bon-Sauveur le recevrait. C'est là qu'il passa les Cent-Jours sans être inquiété. Rivard, qu'il avait forcé de rester à Argentan, était venu le rejoindre et l'aidait à supporter avec patience les ennuis de sa solitude forcée.

Quand Louis XVIII fut remonté sur le trône, l'abbé des Genettes n'avait plus rien qui le rappelât à Séez : la plupart de ses anciens élèves avaient été admis au séminaire, selon son désir;

les autres s'étaient dispersés pendant les Cent-Jours; il retourna donc à Argentan, avec M. Rivard, qui ne voulait plus le quitter, et sans accepter de fonctions officielles, il se livra au saint ministère, autant que le lui permettait une santé fort affaiblie.

M. Baton avait quitté Séez à la première rentrée des Bourbons ; mais comme on le savait très-chaudement appuyé par son archevêque, le cardinal Cambacérès, le diocèse craignait que sa nomination ne fût confirmée par la Restauration et qu'il ne devînt légitimement évêque d'un diocèse où il était entré sous de fâcheux auspices et où il n'avait inspiré aucune confiance. M. des Genettes fut encore à cette occasion député à Paris. Il obtint une audience du cardinal de Périgord, lui présenta un mémoire au nom du clergé de Séez, et put annoncer à ceux qui l'avaient envoyé que Son Éminence l'avait assuré que M. Baton ne serait pas proposé pour l'épiscopat, ne fût-ce que pour avoir désobéi au canon du premier concile général de Lyon, qui défend aux élus de s'ingérer dans l'administration sous quelque couleur que ce puisse être, soit à titre d'économat ou autre, avant l'élection confirmée.

La mission de M. des Genettes était heureusement terminée, il pensa à s'occuper de lui-même. Le P. de Clorivière avait de l'affection pour lui, et il alla le consulter sur le désir qu'il avait depuis quelque temps d'entrer dans la Société de Jésus. On était au 7 septembre, veille de la Nativité de la Sainte Vierge. Après l'avoir attentivement écouté, le Père lui répondit qu'il fallait d'abord s'adresser à Dieu pour connaître sa sainte volonté; qu'il célébrerait le lendemain le saint sacrifice à cette intention et qu'il lui recommandait d'en faire autant de son côté. Après la messe, il va trouver le Père, qui lui dit : — « Nous ne pouvons pas vous recevoir.

— Pourquoi?

— Ce n'est pas la volonté de Dieu.

— Cependant, mon Révérend Père, voilà longtemps que cette pensée me poursuit, et il me semble que ce serait pour moi la voie de la perfection et du salut.

— Non... il faut que vous soyez curé.

— Curé! Jamais, j'ai déjà refusé deux fois de l'être, je me suis fait prêtre pour prêcher, confesser, exercer le ministère, en un mot, mais pas pour être curé.

— C'est la volonté de Dieu. Vous serez nommé curé avant la fin de l'année. Vous refuserez et serez forcé d'accepter. Vous irez dans une paroisse où vous souffrirez beaucoup, mais où vous ferez du bien. Vous la quitterez, après quelque temps, pour aller dans une autre. »

Cette décision contrariait le désir de M. des Genettes autant que la prédiction l'effrayait, mais il s'y soumit et retourna à Argentan avec M. Rivard, qui l'avait accompagné à Paris.

CHAPITRE VII.

Il est nommé curé.

A peu de temps de là, il fut appelé par le vicaire général, supérieur du séminaire, son ami intime, qu'il avait fait nommer par les chanoines à la mort de M. Levavasseur. « Nous allons vous contrarier, lui dit-il, mais il le faut ; nous avons besoin de vous, il faut que vous soyez curé. Nous vous envoyons à Alençon, où vous desservirez la paroisse de Monsort. » Ce faubourg du chef-lieu était renommé pour ses opinions hostiles à la royauté autant qu'à la religion ; c'était un poste peu attrayant pour un homme qui venait de déclarer qu'il n'avait pas de goût pour les fonctions curiales; aussi M. des Genettes se défendit-il longtemps. Quand il finit par donner un refus formel, le vicaire général lui présenta un papier en l'engageant à le lire : c'était la signification d'un interdit; il fallait accepter ou se mettre en rébellion contre l'autorité légitime. M. des Genettes ne pouvait hésiter; il se soumit donc, en disant toutefois : « Vous me traitez bien mal; je n'attendais pas cela d'un ami. — Le devoir passe avant l'amitié; Dieu bénira le sacrifice que vous lui faites de vos goûts. »

La paroisse de Saint-Pierre avait pour territoire le faubourg de Montsort, séparé de la ville par la Sarthe. A l'époque où M. des Genettes devint leur pasteur, les habitants avaient une réputation faite pour effrayer un prêtre moins dévoué et courageux. Révolutionnaires de la plus mauvaise espèce, ils s'étaient faits bonapartistes depuis la Restauration; mais, au fond, leur opinion n'était que la haine de toute autorité amie de l'ordre; ils professaient surtout l'hostilité la plus déclarée contre la religion. Dans l'espace de peu d'années, huit ou neuf prêtres avaient dû se retirer devant les mauvais traitements dont ils étaient victimes; un curé était mort des suites de ces violences. Le jour de son installation, M. des Genettes fut obligé d'avoir recours à l'autorité civile, et entra dans sa nouvelle église accompagné par la gendarmerie.

Le dimanche suivant, il célébra sa messe sans faire de prône, et déconcerta ainsi les projets des malveillants, qui épiaient ses premières paroles. Après les vêpres il alla, sans y être appelé, visiter les malades. On ne l'attendait pas, on fut étonné de le voir, et ces gens qui, réunis le matin à l'église, eussent peut-être fait du scandale, se trouvant à l'improviste et isolément face à face avec leur curé, qui ne leur témoignait qu'une bienveillance polie, lui firent un accueil assez embarrassé, mais qui lui permit quelques espérances pour l'avenir. L'impression produite par cette démarche eût préparé sans doute de meilleurs résultats, si les meneurs du parti révolutionnaire et impie n'eussent mis tous leurs soins à l'effacer par leurs discours.

Tous ces obstacles n'intimidèrent point M. des Genettes, et, puisant dans la prière un courage que rien ne rebutait, il se mit résolument à l'œuvre.

Son premier prône fut à dessein vague et banal; il ne voulait pas donner de prétexte aux passions mauvaises, et comprenait qu'avant de faire entendre des reproches à ses paroissiens il fallait les y préparer, en les instruisant de leurs principaux devoirs, qu'ils ignoraient complétement. A quelques jours de là, il commença le catéchisme, et déclara que nul des enfants qui avaient communié l'année précédente ne serait admis à faire ses Pâques sans l'avoir suivi pendant tout le carême. Cette mesure touchait peu des gens qui ne s'approchaient jamais des sacrements, mais elle les piqua, parce que c'était un acte d'autorité; on en parla, on en fit des railleries, on insulta le curé dans les rues, on lui riait au nez, mais son but était atteint : il avait amené ces mauvais chrétiens à penser au devoir pascal.

Le carême arrivé, il fit des instructions tous les jours, et eut la consolation de les voir assez suivies. Vers la fin de la première semaine, voyant un auditoire plus qu'ordinaire groupé autour de la chaire, il leur dit qu'interrompant pour un moment le cours des instructions, il allait leur parler d'affaires personnelles. « Vous ne m'aimez pas, et vous auriez raison de ne pas m'aimer, si j'étais tel qu'on m'a dépeint à vos yeux. Vous voulez que je m'en aille? eh bien! je ne le ferai pas. Je suis venu ici sans l'avoir demandé, malgré moi, par l'ordre de mes supérieurs, et je resterai malgré votre opposition. Si vous voulez que je parte, convertissez-vous, revenez à Dieu, et alors, ne vous étant plus nécessaire, je n'hésiterai pas à vous quitter et à laisser à un autre, qui vous sera plus agréable, le soin de conduire vos âmes au ciel. » Cette déclaration nette et catégorique plut à beaucoup et en irrita quelques-uns. Les amis qu'il avait dans la ville n'étaient pas sans de grandes inquiétudes; ils l'avertissaient que le peuple était travaillé sous main, lui répétaient les propos qu'ils avaient recueillis; mais il continua, malgré toutes leurs remontrances. Le soir ils l'escortaient, sans qu'il s'en aperçût, jusqu'à sa maison, tant ils redoutaient quelque explosion des colères que son zèle allumait chez les impies. Les fruits de sa persévérance se bornèrent à quarante ou cinquante confessions, et encore ceux qui les firent eurent à souffrir des insultes et même des mauvais traitements.

Le mois d'août suivant fut marqué par une circonstance qui sembla prouver d'abord l'inutilité des efforts que faisait le digne curé pour gagner son peuple, et qui devint au contraire le point de départ d'une réaction des plus favorables. Un vieillard était mort après avoir été confessé par un prêtre étranger à la paroisse. La circonstance était favorable pour faire du scandale ; on ne la laissa pas échapper. On vint signifier à M. des Genettes que ce prêtre présiderait au convoi. Le curé, s'appuyant sur les règles ecclésiastiques, répondit par un refus formel à cette insolente prétention, et les députés se retirèrent en prononçant des menaces. Le défunt habitait dans une petite ruelle qui, lorsque M. des Genettes s'y présenta, était pleine d'un peuple à peu près en état d'ivresse. A la levée du corps, il est insulté : on faisait en ce moment des prières publiques pour obtenir la pluie, et comme, de plus, on redoutait dans la ville le danger de la contagion, le curé ordonne que le corps soit déposé à la porte de l'église, tandis qu'il ferait, comme d'usage, l'office au chœur. Cette simple mesure de prudence exaspère la multitude, déjà mal disposée ; on murmure, on éclate, et quelques meneurs portent le corps au milieu de la nef en défiant le curé, qui, sortant du chœur et sans se laisser intimider par les cris et les gestes de menace, leur fait quitter l'église. Pendant le trajet au cimetière, cette troupe scandaleuse ne cessait de vociférer des injures, parmi lesquelles le mot de *chouan* était souvent répété, avec la menace de le jeter dans la fosse. On faisait de fréquentes haltes pour recruter de nouveaux instruments de désordre, si bien qu'il était nuit quand on arriva au lieu de la sépulture. Le curé monte sur une tombe et crie d'une voix retentissante : « Respect aux morts et silence ! » On se tait, et il peut achever assez tranquillement cette triste cérémonie, à laquelle s'était rendu le commissaire de police. En revenant, il parle à ceux qui étaient le plus près de lui, leur fait comprendre à quoi ils se sont exposés en insultant publiquement un prêtre dans l'exercice de ses fonctions, et leur adresse des reproches paternels qui sont écoutés sans colère. Mais la chose ne pouvait en rester là ; le scandale avait été trop éclatant, le commissaire de police en avait été témoin, une enquête commença. Interrogé par le magistrat, M. des Genettes refusa de déposer contre ses paroissiens. « Si j'ai été offensé, dit-il, c'est un père qui pardonne à ses enfants égarés. » On respecta ces sentiments chrétiens, mais trente et quelques personnes furent appelées au tribunal, le procureur du roi refusa d'écouter le curé, qui voulait intercéder. Le jour où la cause fut jugée, le président lut publiquement une lettre dans laquelle M. des Genettes essayait d'excuser ses paroissiens, et ajouta que, sans les bons offices de ce prêtre qu'ils avaient insulté, l'affaire eût été plus loin. Un seul homme fut condamné à trois semaines de prison et 75 francs d'amende.

Dès que, dans la soirée, M. des Genettes eut connaissance du jugement, il envoya des secours de pain et d'argent à la famille du condamné. Le porteur arriva au moment où la femme adressait à son mari des reproches, qui devinrent plus vifs quand elle vit comment se vengeait le pasteur qu'il avait offensé. M. des Genettes faisait dire au coupable de le venir trouver le lendemain. Quand il le vit arriver tout honteux et bien embarrassé, il lui fit une réprimande paternelle lui démontra l'absurdité de tous les mauvais propos qu'il avait tenus, et finit par lui dire que pendant sa détention, il pourvoirait aux besoins de sa femme et de ses enfants : il lui promit en outre ses bons offices pour faire abréger le temps de sa peine. Tout ce qu'il put obtenir fut une diminution de quarante-huit heures.

Cette conduite si naturelle chez un prêtre, et qui était un besoin pour le cœur si compatissant de M. des Genettes, impressionna vivement la population, et par un de ces revirements soudains familiers aux gens qui obéissent aux préjugés et aux passions, ils se prirent d'une affection enthousiaste pour le curé que naguère ils ne regardaient qu'avec haine et défiance. Désormais la tâche de M. des Genettes était devenue facile : on écoutait sa parole, on suivait ses conseils, on apprenait à connaître la religion qu'on avait méprisée, et, sauf une soixantaine de prétendus philosophes, cœurs endurcis et intelligences bêtement orgueilleuses, les trois mille âmes dont se composait la paroisse de Saint-Pierre devinrent un troupeau docile, où le zèle du bon prêtre put s'exercer à l'aise et avec les fruits les plus consolants.

Cet état de choses dura trois ans environ. La prédiction du P. de Clorivière était en partie accomplie : M. des Genettes était curé et faisait du bien dans sa paroisse; comment et pourquoi devait-il la quitter pour en occuper une autre?

Il s'était attaché à ses ouailles et ne songeait

nullement à les abandonner, et s'il se fût retiré, c'eût été pour suivre l'inclination qui le portait toujours secrètement vers la vie religieuse. Il le pensait ainsi, du moins; mais, comme le Révérend Père le lui avait dit, ce n'était pas la volonté de Dieu.

Un dimanche où le Saint-Sacrement était exposé dans son église, il arrive un peu en retard pour l'heure des vêpres : on commençait à chanter les psaumes. En se dirigeant vers le sanctuaire, il remarque une dame qui se tenait fort mal et parlait très-haut; il envoie son bedeau la prier de quitter cette tenue scandaleuse; puis, quelque temps après, l'affectation qu'elle met à troubler l'office l'oblige à la rappeler de nouveau à l'ordre. Irritée de se voir ainsi interpellée, elle s'écrie que le curé est ivre, éclate en menaces et sort de l'église en causant un affreux scandale. Son mari, homme fort mal pensant, dînait chez un avoué de la ville, ancien camarade de classes de M. des Genettes; elle le fait avertir; il accourt, recueille avec une avidité haineuse toutes les calomnies que débite cette femme en colère, s'écrie que le curé a voulu assassiner sa femme, qu'il faut le faire destituer, et va déposer sa plainte au parquet. Il ameute les parents des enfants qui avaient été refusés pour la première communion et les fait témoigner devant le juge d'instruction, que sa profession publique d'athéisme rendait accessible à tous les préjugés contre les prêtres.

Pendant qu'on faisait tout ce bruit, M. des Genettes se tenait tranquille, et rencontrant un jour le président du tribunal dans une des maisons de la ville qu'il fréquentait, il lui dit en riant : « Eh bien! allez-vous bientôt me citer? — Mais, mon cher curé, vous vous êtes, à ce qu'il paraît, bien oublié. — Moi? » Et il raconte l'affaire telle qu'elle s'était passée. Cependant, ses ennemis agissaient; ils avaient écrit à Paris, et le ministre de l'intérieur, M. Lainé, trompé par ces faux rapports, écrivit à l'autorité diocésaine qu'un prêtre aussi turbulent ne pouvait rester à la tête d'une paroisse. Les vicaires généraux ne donnèrent pas suite à cette insinuation ministérielle, et bientôt après ils reçurent une seconde lettre, où M. Lainé, mieux informé par un fonctionnaire de la ville d'Alençon qui avait fait le voyage de Paris, rendait pleine justice à M. des Genettes. L'instruction commencée fut mise à néant.

Cette accusation absurde et les ennuis qui en avaient été la conséquence, réveillèrent chez le curé le désir de la vie religieuse, et il se décida à quitter sa paroisse. Aussitôt il alla à Séez trouver les vicaires-généraux dont il n'avait pas reçu dans ces circonstances l'appui qu'il avait droit d'attendre après avoir été envoyé malgré lui dans une paroisse notoirement mauvaise, et où son ministère n'avait pas cependant été sans fruits.

Ces messieurs lui firent connaître ce que nous venons de raconter, lui représentèrent l'embarras où ils s'étaient trouvés vis-à-vis de l'autorité civile et le pressèrent de reprendre sa démission, craignant que son départ ne parût une victoire du parti irréligieux, mais le trouvant inébranlable, ils le prièrent de désigner son successeur.

A son retour à Alençon, il quitta le presbytère et quelques semaines après tomba gravement malade. Ses anciens paroissiens s'opposèrent à ce qu'il allât chez des parents qu'il avait en ville, et, pendant six semaines que dura sa maladie, lui donnèrent les plus touchants témoignages d'affection. Sachant qu'il avait besoin d'une garde, ils ne voulurent pas qu'il fût laissé aux soins d'une mercenaire, et près de quatre-vingts personnes s'engagèrent à veiller à tour de rôle auprès de lui. Il entra en convalescence avant que la liste fût épuisée, et ceux dont le tour n'était pas venu firent valoir leur droit et n'ayant plus à le soigner vinrent lui tenir compagnie. Il eut alors à souffrir beaucoup pour résister aux instances qu'on lui fit, mais son parti était pris, et dès qu'il put dire la messe, il fit ses adieux en chaire. A la fin de son discours, que son émotion interrompit plusieurs fois, il donna sa bénédiction, et pour la recevoir tout le peuple s'agenouilla sur le pavé de cette église dont quatre ans auparavant il n'avait pu prendre possession qu'escorté par la force publique.

Deux de ses paroissiens l'accompagnèrent à Mortagne, chez sa sœur, auprès de laquelle il allait se fixer pendant quelque temps. Il reçut, là encore, une preuve de l'attachement des habitants de Montsort. Son successeur vint le prier d'intervenir auprès de ses paroissiens qui refusaient de le reconnaître s'il ne leur était pas présenté par leur ancien curé : « Il a été bien malheureux parmi nous, disaient-ils, mais nous avons appris à l'aimer. » M. des Genettes leur écrivit une lettre où, tout en les remerciant de leur affection, il en blamait l'excès qui les conduisait presque à la désobéissance. Il terminait en disant qu'il n'avait pas été étranger au choix de leur nouveau pasteur sur lequel il les priait de reporter l'amitié qu'ils avaient eue pour lui. Le temps n'a pas effacé la trace de ces sentiments, car en 1854, un des ecclésiastiques attachés à la paroisse de Notre-Dame-des-Victoires étant allé prêcher une retraite à Notre-Dame d'Alençon, on lui parla de M. des Genettes avec amour et vénération.

CHAPITRE VIII.

Il vient à Paris.

Le voilà donc chez sa sœur, tranquille et n'attendant que l'amélioration de sa santé toujours chancelante, pour se retirer dans la communauté de Saint-Sauveur de Caen, où il avait le projet de vivre en exerçant les œuvres du saint ministère, sans accepter aucun titre officiel. Mais ce désir de vie commune devait toujours être frustré. Un de ses amis, M. de la S..., qui était alors fixé à Paris, fit à cette époque un voyage en Normandie et le pressa de venir dans la capitale. Sans tenir compte de son refus, il écrivit à M. Récamier qu'un ancien curé du diocèse de

Séez va venir à Paris, où il accepterait une place de prêtre administrateur dans une des paroisses de la ville, il le chargeait en même temps d'en parler à quelqu'un des curés qu'il avait souvent occasion de visiter. Le docteur croyant se rappeler que le curé de Saint-Roch désirait voir s'augmenter le nombre des prêtres de sa paroisse, sort pour l'aller trouver. Chemin faisant, il est arrêté par le domestique de M. Desjardins, alors curé des Missions-Étrangères, qui le faisait appeler pour quelque indisposition. Il va le voir, et après sa visite de médecin, il reste un instant à causer et dit ce qu'il va faire à Saint-Roch.

— Pourquoi aller si loin? lui dit M. Desjardins, je puis vous épargner cette course. Si votre prêtre normand est tel que vous me le dépeignez, je le retiens pour ma paroisse. Écrivez-lui de venir, je me charge de le faire agréer par l'archevêché.

M. de la S..., ayant reçu avis de M. Récamier, revint à la charge auprès de M. des Genettes, lui représenta que les choses étaient trop avancées pour reculer, que son refus allait le compromettre vis-à-vis de M. Récamier, etc., etc.; tant et si bien que le pauvre abbé, quoique contre son gré, ratifia ce qu'avait fait son jeune ami et se décida à partir pour Paris, où M. Rivard le précéda pour préparer son installation.

Il y arriva le 26 mars 1819, et après quelques jours prit son logement dans le séminaire des Missions-Étrangères, où il espérait pouvoir concilier la vie retirée du religieux avec les devoirs extérieurs du prêtre. L'accueil de M. Desjardins fut empreint de cette amabilité dont le souvenir est cher à tous ceux qui ont connu ce vénérable et excellent prêtre. Son coup d'œil exercé ne tarda pas à reconnaître tout ce qu'il pouvait attendre de son nouveau collaborateur; aussi, bientôt après son arrivée, il alla le trouver et lui dire qu'il désirait l'avoir pour vicaire. M. des Genettes lui objecta le peu de temps qu'il avait passé dans le diocèse de Paris, et ne lui cacha pas qu'il lui en coûterait de renoncer à son indépendance pour se charger de fonctions très-assujétissantes. Le curé n'insista pas, mais le lendemain il vint lui annoncer que c'était chose faite.

M. Desjardins, en qui l'on avait une confiance justifiée par son caractère et ses talents, confessait alors une partie de la cour, était vice-président d'un comité de charité de la liste civile, et s'occupait activement de plusieurs bonnes œuvres, en sorte que son vicaire avait la plus grande part dans l'administration de la paroisse. L'ancien curé de Montsort remplit ces fonctions à la satisfaction générale, et il ne tarda pas à en avoir la preuve la plus décisive et la plus inattendue.

Vers le milieu du mois de septembre, M. Desjardins apprit à l'abbé des Genettes que, désigné par le nouvel archevêque, S. E. le cardinal de Périgord, pour remplir auprès de lui les fonctions d'archidiacre, il allait se fixer à l'archevêché, et en même temps il le pria de ne pas quitter la paroisse. Le vicaire répondit que, ne sachant pas quel curé serait nommé à la paroisse des Missions-Étrangères, il ne voulait pas prendre un engagement trop difficile peut-être à remplir, mais que, si M. Desjardins voulait conserver son titre, il promettait de continuer à travailler sous sa direction. « Mais, reprit le curé, cette combinaison n'est pas admissible ; il en est une autre qui me semble meilleure : plusieurs de mes paroissiens m'ont témoigné le désir de vous voir me succéder, et c'est à cette idée que je m'arrête. » M. des Genettes opposa un refus formel, et, depuis ce moment, évita tout entretien intime avec son curé.

Cependant le 8 octobre, aux premières vêpres de Saint-Denis, le cardinal avait été intronisé; M. Desjardins s'était établi à l'archevêché, et, peu de temps après, il fit appeler son ancien vicaire et lui renouvela, mais avec le ton du commandement, la proposition qu'il lui avait déjà faite. Éprouvant un nouveau refus, il s'écria : « Mais comment entendez-vous donc l'obéissance? Le cardinal veut vous faire curé et vous ne voulez pas!

— Je ne suis pas tenu d'obéir, répondit M. des Genettes; je ne suis qu'étranger dans le diocèse de Paris, j'appartiens au diocèse de Séez, et je suis prêt à y retourner. Mon évêque, Mgr de Saussole, me l'a fait promettre, et son grand vicaire, M. Legallois, m'a écrit pour me recommander de conserver ma liberté et de ne pas m'attacher à une paroisse. — Je sais tout cela; mais ce que vous ne savez pas, c'est que Son Éminence vous a demandé à l'évêque de Séez pour vous faire curé des Missions-Étrangères. Mgr de Saussole a répondu qu'il vous avait destiné à partager avec M. Legallois les travaux de l'administration en qualité de grand vicaire, mais que, ne pouvant rien refuser à Son Éminence, il renonçait à ses droits sur vous; et maintenant, vous faites partie des prêtres du diocèse de Paris. Continuerez-vous à vous opposer à la volonté expresse de votre supérieur ? » M. des Genettes se fâcha, soutint qu'on n'avait pas dû disposer de lui sans son consentement, reprocha à M. Desjardins d'avoir préparé tout cela; puis, calmé par les amicales observations de son ancien curé, il se laissa conduire par lui chez le cardinal, à qui il promit obéissance.

Sa nomination fut connue dans les premiers jours de décembre, et il prit possession le 27 du même mois.

Voilà donc l'obscur pasteur d'un faubourg d'Alençon placé à la tête d'une des paroisses de Paris les plus distinguées par le rang et la fortune d'un grand nombre des familles qui l'habitent. Ce changement effraya d'abord son humilité, et cependant M. Desjardins avait fait preuve de tact en le désignant pour son successeur. Ennemi déclaré de toute espèce de recherche dans ses manières et son extérieur, M. des Genettes apportait dans ses rapports avec le monde une simplicité toute sacerdotale et pleine de dignité. Au remier abord, on était frappé par le caractère de résolution et de fermeté empreint sur sa noble et belle figure; mais, quand on y voyait s'épanouir son sourire plein de bonté, on pressentait que, sous ces dehors un peu sévères, se cachait le cœur le plus affecteux et le plus aimant. Ce que je dis ici étonnera beaucoup de ceux qui ne connaissent M. des Genettes que par ouï dire, ou qui n'ont eu avec lui que des relations passagères. Il a eu la réputation d'un homme dur, et j'ai connu plusieurs personnes qui, désirant lui parler, n'osaient tenter l'aventure, dans la crainte d'être rebutées. Comme je n'écris pas ici un panégyrique du saint homme que nous avons perdu, il faut bien reconnaître qu'il était assez souvent brusque et de difficile abord; c'étaient les traces d'un caractère très-violent et emporté, contre lequel il a lutté toute sa vie; qu'il avait, à force de vertu, presque entièrement dompté, mais qui se révélait encore dans ces saillies du premier mouvement.

L'âge, l'expérience, la longue pratique de la charité, avaient, dans ses dernières années, beaucoup modifié son caractère; cependant il n'en savait pas toujours réprimer les élans que réparait aussitôt son excellent cœur.

Voici, entre vingt autres, deux traits qui le peignent assez bien.

Depuis que l'Archiconfrérie l'avait fait connaître partout, il arrivait souvent que des personnes pieuses venant, soit de Paris, soit de la province, se présentaient à son confessionnal ou simplement à la sacristie pour l'entretenir. Ces visites dévotes lui étaient extrêmement à charge : c'était du temps perdu, des paroles inutiles ; ces bonnes âmes n'avaient pas besoin de lui, et il avait assez de pécheurs à qui son ministère appartenait tout dabord. Aussi, quand une femme se présentait dans l'avant-sacristie, où il avait établi son petit cabinet de travail, elle risquait fort d'être très-mal reçue.

Or, la femme d'un des officiers désignés pour l'expédition de Madagascar arrive un jour où malheureusement il était très-occupé. Elle est jeune, timide, et connaissant de réputation le curé que d'ailleurs elle vénère de toute son âme, elle s'approche en tremblant et prononce à peine : «Monsieur le curé.

— Qu'est-ce que vous me voulez ?

— Je voudrais vous parler.

— Vous confessez-vous d'habitude ?

— Oui, monsieur le curé.

— Eh bien, allez trouver votre confesseur, vous n'avez pas besoin de moi.

— Mais, monsieur....

— Mais, madame, je n'ai pas de temps à perdre pour vous.

— Mais ce n'est pas pour moi ; c'est pour mon mari, un officier....

— Eh! que ne le disiez-vous de suite! c'est tout autre chose.» Et il la fait asseoir, l'écoute, l'interroge avec bonté, et lui donne le rendez-vous qu'elle sollicitait pour son mari.

Une autre dame vient de la province. Elle est chargée, par une pécheresse convertie, de demander à M. des Genettes certaines explications sur les conseils qu'il lui a donnés. Elle se présente, et reçoit un accueil si peu aimable qu'elle se décourage et se retire. Le lendemain, elle vient entendre la messe du curé, et, réveillant tout son courage, elle se rend à la sacristie quand il quitte l'autel. Elle se tient à l'écart, le voit quitter les ornements sacerdotaux, s'agenouiller, faire son action de grâce, et, quand il a fini, le cœur lui battait bien, bien fort. Cependant, un homme d'une trentaine d'année, qui attendait aussi, s'avance; le curé le voit, court à lui, l'embrasse et lui parle avec la bonté la plus affectueuse. Quand il l'a quitté, elle s'approche à son tour.

« Vous êtes donc bon, quelquefois? dit-elle.
— Que voulez-vous dire, madame?
— Je viens de vous voir si bon avec ce monsieur, et vous m'avez, hier, si mal reçue.
— Moi! allons, ma brusquerie m'a encore joué un de ses tours! Eh bien, je vous écoute; seulement ne soyez pas trop longue. »

Quand il sut de quoi il s'agissait, il prêta toute son attention sans regarder au temps, donna les explications nécessaires, et laissa la visiteuse bien convaincue qu'il possédait des trésors de bonté unis à ces brusqueries momentanées.

Nous pouvons ajouter qu'on n'a pas tenu assez compte des difficultés dont son ministère pastoral a presque continuellement été accompagné, ni des préoccupations où le jetaient les œuvres qu'il accomplissait.

Un fait peut servir de preuve à ce que nous avançons ici; c'est que, dans les maisons de sa paroisse des Missions Étrangères, où se sont le mieux conservées les traditions de la bonne compagnie, M. des Genettes était non-seulement reçu comme pasteur, mais recherché comme ami, et que plusieurs familles ont conservé avec lui des relations d'intimité depuis qu'un autre troupeau lui a été confié.

Mais, avec les prêtres qui partageaient avec lui les travaux du ministère, n'était-il pas dur, exigeant, tracassier, toujours prêt à solliciter des mutations? Le reproche lui en a été fait, et si souvent répété, que Mgr de Quélen, de chère et glorieuse mémoire, crut devoir lui écrire avec sévérité qu' « il était malheureusement connu pour ne pouvoir garder longtemps les prêtres qui lui étaient donnés pour collaborateurs. » Fort de sa conscience, M. des Genettes avait souffert en silence les accusations qui s'élevaient contre lui; quand son supérieur eut formulé un blâme, il regarda comme un devoir de se justifier. Nous avons, à cette époque, eu connaissance de la lettre qu'il adressa à l'illustre archevêque. Chacun des ecclésiastiques attachés jusqu'alors aux deux paroisses où M. des Genettes avait rempli les fonctions pastorales y était nommé, et chaque nom était accompagné d'une note tirée, non des appréciations personnelles du curé, mais des actes mêmes de l'administration diocésaine. Le résumé prouvait jusqu'à l'évidence que si le curé avait paru quelquefois sévère, l'archevêque avait dû ensuite se montrer plus sévère encore, tandis que les prêtres honorés de la confiance des supérieurs étaient, après l'avoir quitté, restés les amis de leur ancien curé. On comprendra que nous n'entrions pas dans la discussion d'un sujet aussi délicat : il s'agit de mesures administratives devant lesquelles nous ne devons que nous incliner avec respect.

Jugeons plutôt les sentiments de M. des Genettes, pour les prêtres attachés à ses deux paroisses, par des actes authentiques. Quand il prit possession de la cure des Missions-Étrangères, le clergé s'y trouvait dans une position financière peu digne. Le vicaire recevait 1,200 francs, et chaque prêtre 720 francs par an. Le nouveau curé obtint tout d'abord de porter le traitement du vicaire à 1,500 francs et celui des prêtres à 1,200 francs. Et, comme MM. les membres de la fabrique objectaient le mauvais état de leurs finances, M. des Genettes fit abandon d'une partie du supplément de traitement qui lui était alloué.

Les choses allèrent ainsi jusqu'en 1826 ou 1827, époque à laquelle la fabrique lui rendit la totalité de son allocation, et lui vota une augmentation annuelle de 1,200 francs, pour reconnaître sa bonne administration dans cet intervalle. En effet, les finances avaient été rétablies de manière à permettre de fonder deux nouvelles places de prêtres administrateurs, d'augmenter encore tous les traitements, de fournir l'église de vases sacrés et d'ornements qui manquaient. La caisse de la fabrique où, au 28 décembre 1819, il ne restait que 125 francs, en renfermait 7,500 au mois d'octobre 1830. Nous donnons ces chiffres, qu'il est facile de vérifier, pour répondre au bruit qu'on n'a pas craint de faire courir alors que M. des Genettes avait endetté la fabrique.

Sa conduite fut la même à son arrivée dans la paroisse de Notre-Dame-des-Victoires.

Si le nouveau curé des Missions-Étrangères s'occupait des intérêts matériels de sa paroisse, il avait bien plus à cœur le salut des âmes qui lui étaient confiées. Les consolations qu'il trouvait dans les familles distinguées où la religion était en honneur ne suffisaient pas à son zèle pastoral ; il voyait avec douleur la partie pauvre de la population, et elle est nombreuse, privée d'instruction religieuse. L'église des Missions Étrangères, belle chapelle de communauté, était beaucoup trop petite pour l'usage auquel elle sert depuis le concordat ; à peine un vingtième des paroissiens y auraient pu assister aux offices. Il en résultait que les enfants des écoles et les pauvres s'habituaient à ne jamais venir à l'église. Comment, dans de telles conditions, avoir quelque action sur eux ? C'était pour le bon prêtre une préoccupation constante et douloureuse. Enfin, il s'avisa d'utiliser la chapelle basse sur laquelle s'élève l'édifice. Il y fit, à ses frais, installer des bancs, et y convia les pauvres à des offices célébrés spécialement pour eux. Craignant avec quelque raison que son appel ne fût pas entendu, il y joignit l'attrait d'un avantage matériel. Deux sœurs de charité se tenaient au haut de l'escalier, distribuaient des cartes à tous ceux qui entraient, et veillaient à ce que personne ne sortît avant la fin de l'office. Les cartes s'échangeaient ensuite chez les sœurs pour des pains, auxquels, dans la saison rigoureuse, on ajoutait des combustibles. Tous les dimanches, il faisait ainsi donner quatre, cinq et jusqu'à six mille livres de pain. Il est presque inutile de constater que la chapelle, qui pouvait contenir douze cents personnes, était toujours remplie. C'était beaucoup d'avoir attiré ces pauvres gens à l'église, mais il fallait profiter de leur présence pour les moraliser et les instruire. Le clergé des Missions-Étrangères, à cette époque, se bornait à quatre personnes : le curé, le vicaire et deux prêtres très-âgés. M. des Genettes sentit qu'il serait difficile d'imposer à des ecclésiastiques surchargés déjà une nouvelle obligation, et, sans négliger le prône qu'il faisait à la messe paroissiale, il donna, chaque dimanche, matin et soir, une instruction à ses pauvres. Pendant dix-huit mois il porta seul ainsi le fardeau de cette œuvre. A cette époque, M. de Mazenod, aujourd'hui évêque de Marseille, vint à Paris avec son oncle à qui depuis il a succédé. Une telle mission devait plaire à celui que Dieu destinait à fonder une congrégation dont la devise est : *Pauperibus evangelizare me misit.* Il se chargea de suppléer M. des Genettes, et le souvenir des exhortations chaleureuses qu'il donna pendant plusieurs mois vit encore dans le souvenir des anciens de la paroisse. Plus tard, le nombre des prêtres ayant été augmenté, ils partagèrent avec le curé le soin de la chapelle basse.

Cette institution ne tarda pas à porter ses fruits. Établie au commencement de février, elle amena dès le carême suivant au saint tribunal bon nombre de ces pauvres gens qui savaient à peine auparavant le chemin de l'église ; la fréquentation des sacrements s'établit, et avec elle, le progrès moral qui en est la conséquence.

Un pasteur aussi zélé ne pouvait négliger l'enfance ; il savait trop que l'avenir dépend de la direction qu'elle reçoit. Les petites filles pauvres, surtout, destinées à jouer un rôle si important dans la famille, attirèrent son attention. Il y en avait dans sa paroisse près d'un millier, dont deux cents seulement pouvaient être admises dans la classe gratuite ouverte chez les dames de Saint-Maur ; c'était là un besoin urgent auquel il fallait pourvoir. Aussi, six mois environ après son installation, il s'adressa à la sœur Madeleine, supérieure du bureau de charité, lui fit aisément partager sa sollicitude, et la chargea de chercher une maison où on pût loger six sœurs, recevoir une vingtaine d'orphelines, installer le bureau de charité et ouvrir des écoles. L'acquisition, l'appropriation et le mobilier de cette maison, située rue des Vieilles-Thuileries, lui coutèrent près de trente mille francs. Mais il eut la consolation de voir aussitôt deux cent quarante enfants fréquenter l'école : c'était encore insuffisant ; les religieuses du couvent dit des *Oiseaux*, et les dames du Sacré-Cœur s'offrirent à en recevoir aussi, et l'éducation des petites filles fut assurée dans la paroisse.

Au mois d'octobre 1820, l'orphelinat, à qui le fondateur donna le nom de maison de *la Providence*, s'ouvrit par l'admission de quatorze petites filles qui furent bientôt portées à vingt-quatre. Dieu bénit les efforts des bonnes sœurs qui les dirigeaient, et cette petite communauté se distingua tout d'abord par un excellent esprit : la piété, la docilité, l'amour du travail et une tendre reconnaissance pour la sœur Madeleine animaient ces enfants dont la plupart pourtant avaient été bien négligées dans leurs premières années. M. des Genettes jouissait de ces heureux résultats, mais son bonheur était loin d'être complet.

De temps à autre, dans sa paroisse, une pauvre femme laissait en mourant des petites filles sans appui ; naturellement on venait prier M. le curé de les recevoir dans sa maison ; on lui demandait encore souvent un asile pour d'autres enfants exposées chez leurs parents à de mauvais exemples, et dont l'éducation ne pouvait qu'être détestable, et porter des fruits bien amers. Son cœur s'attendrissait sur ces misères de l'âme et du corps ; mais que faire ? La maison était pleine et il n'y avait pas moyen de l'augmenter. C'était une peine de tous les instants pour cet homme plein de charité. Plus d'une fois la pensée lui vint de fonder un établissement assez vaste pour admettre un grand nombre d'enfants, mais il ne croyait pas pouvoir imposer cette nouvelle œuvre aux fidèles dont les sacrifices en faveur des nécessiteux étaient déjà considérables ; d'ailleurs, sa conscience lui défendait de rien distraire des aumônes qui lui étaient confiées pour les besoins ordinaires des pauvres de sa paroisse ; il fallait donc sacrifier sa fortune personnelle, se dépouiller de tout ce qu'il possédait ! La prudence le lui permettait-elle ? Ne pouvait-il arriver un moment où les infirmités lui rendraient le ministère paroissial impossible, et lui était-il permis de s'exposer à la misère pour ses vieux jours? Pendant deux ans il lutta contre cette idée qui l'obsédait, mais elle finit par l'emporter, et il sacrifia tout, ne se réservant qu'une rente viagère de quinze cents francs pour assurer un morceau de pain à ses dernières années. Nous avons entendu ce vénérable prêtre, dans ses épanchements intimes, s'accuser comme d'une faute de cette hésitation qu'il appelait une résistance à la grâce.

Sa détermination fut arrêtée un jour où, fatigué de ce combat intérieur, il était allé consulter la volonté de Dieu en célébrant la sainte messe à l'autel de Saint-Vincent de Paul, dont les reliques étaient alors déposées dans la chapelle des Sœurs de la charité. En sortant du couvent, il rencontre M. l'abbé Billié, son vicaire, qui lui dit : «Vous savez que M. L*** vend sa maison ?

— Non ; je ne connais ni M. L*** ni sa maison.
— Vous devriez l'acheter.
— Pourquoi?
— Pour y mettre votre établissement qui est trop petit. Il y a une foule de pauvres enfants dans la paroisse qui sont abandonnées, et que vous pourriez sauver.

— Je ne suis pas fou, mon ami; je n'achète point de maison; j'ai assez de charges comme cela. »

C'était la dernière hésitation. M. des Genettes, voyant quelque chose de providentiel dans cette proposition du vicaire qu'il n'avait pas entretenu de ses projets, se décide à visiter la maison, située dans sa paroisse, rue des Brodeurs. Soit qu'elle répondît, comme il le crut, aux plans qu'il s'était fait, soit qu'il cédât à l'impulsion d'un désir longtemps combattu, elle lui convint sur-le-champ. Il y avait un assez grand jardin, des bâtiments susceptibles de recevoir la destination qu'il avait en vue; il se présenta de suite comme acquéreur, et, après quelques débats, il convint du prix de quatre-vingt-quinze mille francs. Une fois propriétaire, il se mit à l'œuvre : une maison voisine et quelques masures rétrécissaient son terrain et le dominaient; il les acheta, au prix de trente-cinq mille francs, pour en jeter à bas une partie, puis les maçons furent appelés pour relier ces deux maisons et les adapter aux besoins d'une communauté. Deux ailes furent ajoutées; bref, il dépensa cent-soixante-trois mille francs en constructions.

Le mobilier d'un établissement destiné à recevoir deux-cent-cinquante jeunes filles, quelque simple ou même pauvre qu'il pût être, occasionna encore une dépense assez forte. Enfin, les Sœurs prirent possession, et bientôt affluèrent les demandes d'admission. La très-grande majorité des enfants étaient reçues à titre absolument gratuit, et beaucoup devaient être habillées de la tête aux pieds, avant d'entrer dans la maison, car il était prudent de jeter au feu les haillons qui les couvraient à peine. D'autres payaient une petite rétribution mensuelle fournie, soit par les parents, soit par des personnes charitables. Presque toutes étaient dans la plus tendre enfance, ou n'avaient aucune habitude du travail. Avant que, sous la direction des Sœurs, se fussent formées les habiles ouvrières qui depuis ont fait la réputation de la *Providence*, et lui attirent encore de nombreuses commandes, la communauté tout entière était à la charge du fondateur. Pendant près de trois ans, il subvint à tous ses besoins ; puis, quand le travail commença à produire quelque chose, il restreignit proportionnellement ses dons. Ce ne fut qu'en 1828 que la maison put se soutenir par elle-même. Il était temps, car M. des Genettes n'avait plus rien[1].

On s'est plu, dans le temps, à calomnier cette œuvre si utile. Selon les uns, M. des Genettes avait contracté d'énormes dettes qu'il ne pouvait payer, et la vérité est que le prix des acquisitions fut livré aussitôt après la main-levée des hypothèques, que les mémoires furent acquittés après le réglement de l'architecte, en sorte que, dix mois après le commencement des travaux, il n'était dû un centime à personne. D'autres ont affirmé que M. des Genettes n'avait fait que puiser habilement dans la bourse de ses riches paroissiens. En fût-il ainsi, il faudrait encore lui rendre grâce d'avoir eu l'idée d'une institution

---

[1] Au moment où nous écrivons ceci, 1,587 jeunes filles ont été reçues dans la maison de la Providence. 63 sont mortes dans la maison ; 81 se sont vouées à la vie religieuse dans diverses communautés ; plusieurs sont employées comme sous-maîtresses dans quelques-uns des nombreux orphelinats qui se sont, sur le modèle de la *Providence*, élevés dans toutes les paroisses de Paris et dans plusieurs villes de la province. Un assez grand nombre sont devenues d'excellentes mères de famille, et presque toutes, menant une vie chrétienne, viennent aussi souvent qu'il leur est possible visiter la bonne sœur Madeleine et lui témoigner leur reconnaissance.

aussi utile, et d'avoir su y intéresser les âmes chrétiennes et généreuses; après tout, c'est ainsi que se fondent la plupart des œuvres dont on fait, avec raison, honneur au prêtre zélé qui les a entreprises. Mais les choses ne se sont pas ainsi passées. Sur près de 500,000 francs qu'a dépensé M. des Genettes, de 1821 à 1828, voici tout ce qu'il a reçu de secours.

Madame la duchesse de Bourbon lui donna 2,000 francs lors de l'acquisition de la première maison, et M. Desjardins 6,000. Cinq personnes de la paroisse donnèrent 10,000 francs, pour fonder cinq places dont elles se réservèrent la nomination leur vie durant. Un jour, la pieuse duchesse de Narbonne, dont le nom est mêlé à tant de bonnes œuvres, et qui a fait tant de charités dont Dieu seul a le secret, vint trouver M. des Genettes pour qui elle professait une vénération profonde. « Mon bon curé, lui dit-elle, vous faites beaucoup, vous devez avoir besoin d'argent; si je vous donnais 20,000 francs? Ce n'était pas une offre à refuser, et cinq jours après la noble femme apportait la somme à la sacristie. Enfin, se trouvant un jour très-pressé, il fit une demande, la seule qu'il se soit permise, car il s'était fait une loi de n'appeler personne à son aide. Il lui fallait 30,000 francs, M. le duc de Doudeauville, qu'il pria de présenter sa requête à Charles X, lui objecta la pénurie de la cassette du roi, où tant de nécessiteux puisaient à pleines mains, puis lui promit d'en parler à Sa Majesté. Quand le bon roi eut entendu le détail de l'entreprise de M. des Genettes, et les moyens par lesquels il la mettait à exécution, il dit : « Quoi, ce bon prêtre fait cela ! certainement je veux lui venir en aide, donnez-lui les 30,000 francs, et dites-lui de faire prier pour moi ses petites filles. » Quand, depuis, M. des Genettes eut deux ou trois fois l'occasion de voir Charles X, le roi ne manquait pas de lui dire avec ce ton de bonté parfaite qui donnait tant de prix à ses moindres paroles : « Eh bien, mon cher curé, comment vont *nos enfants?* »

68,000 francs, voilà donc tout ce qu'a reçu M. des Genettes, et jamais il n'a permis ni quête, ni loterie, ni sermon de charité ; seul, il a porté tout le fardeau de sa fondation.

Ses détracteurs n'ont pas manqué de dire et de répéter qu'il détournait au profit de sa *Providence* les fonds destinés par la charité à subvenir aux besoins des pauvres de la paroisse. C'est complétement faux. Les aumônes ont toujours été distribuées suivant l'intention des donataires, et la tendre générosité du curé pour ses pauvres était si généralement connue, qu'il n'était pas rare de voir arriver chez lui des plis où se trouvait un billet de 500, de 1000 francs, sans aucune indication. J'ai assisté plus d'une fois à l'ouverture de ces étranges lettres, qui font honneur à la fois au pasteur qui inspirait une pareille confiance et aux fidèles qui ne se laissaient pas connaître même de celui qui était l'agent de leur charité.

Nous rougissons d'ajouter que quelques-uns vantaient l'habileté de M. des Genettes qui, disaient-ils, avait fait une bonne affaire, bien plus qu'une bonne œuvre. A les entendre, la *Providence* était un vaste atelier qui rapportait des sommes considérables à son propriétaire. Nous croyons qu'en débitant de pareilles énormités ces gens-là voulaient en réalité faire l'éloge de M. des Genettes, mais nous les plaignons de ne pouvoir comprendre ce que c'est que la charité d'un bon prêtre.

Nous avons montré plus haut quels *bénéfices*

le curé des Missions-Étrangères retirait de la *Providence*; et après y avoir consacré tout ce qu'il possédait, il n'a pas même voulu s'en conserver la propriété ; car, dès qu'elle a pu se soutenir par le travail des enfants, il en a fait le don pur et simple à la communauté des Sœurs de la charité.

Et c'est un pareil homme qu'on n'a pas craint de représenter à ses supérieurs comme un prêtre cupide, ambitieux, intrigant! Ces calomnies ont été débitées, soutenues, répétées, et n'ont pas manqué de produire, en partie, leur effet, en laissant dans les diverses administrations qui se sont succédées un préjugé défavorable contre M. des Genettes. Comme il se produisait peu, se renfermant toujours dans le cercle des occupations de son ministère, ses détracteurs avaient beau jeu ; on répétait ce qu'on avait entendu dire, et, plus d'une fois, des personnages auprès desquels l'appelaient les affaires de sa paroisse furent bien surpris de le trouver tout autre qu'on ne le leur avait dépeint, et ont conçu pour lui une estime d'autant plus grande qu'ils avaient été trompés d'abord sur son véritable caractère.

Un saint évêque, qui, pour le bonheur de ses diocésains, occupe encore à présent un des premiers siéges de France, eut ainsi l'occasion de connaître M. des Genettes, alors curé de Notre-Dame-des-Victoires. Il parla de lui à Mgr Affre, qui nourrissait contre lui des préventions fâcheuses. Ce prélat, qui se distinguait surtout par un sens droit et une grande équité, s'étonna de ce que lui disait M. J. Il voulut juger par lui-même, il fit venir plusieurs fois M. des Genettes, et, depuis lors, il ne permit plus qu'on l'attaquât devant lui. Il lui donna même une marque toute spéciale d'estime en exigeant qu'il lui donnât son avis dans deux circonstances très-difficiles et très-délicates.

Vers le mois de novembre 1824, il sut que six vieilles religieuses ursulines, dernier débris de l'ancien couvent de la rue Saint-Jacques, vivaient réunies dans une maison de la rue du Petit-Vaugirard. Ces pauvres filles avaient ouvert un pensionnat qui n'avait pu se soutenir; elles étaient accablées de dettes, ne possédaient qu'un chétif mobilier sans valeur, et vivaient misérablement sous la menace sans cesse renouvelée d'une saisie. Il vint à leur secours, réunit les créanciers, discuta les mémoires et fit réduire à 13,000 fr. la somme des réclamations qui s'élevait à 18,000 fr. Sur ces 13,000 fr. une dame de la paroisse, la marquise de Grosbois, en donna 1,000, le reste fut en huit jours payé par M. des Genettes. Les religieuses furent par ses soins reçues dans diverses maisons de leur Ordre. Je crois être, avec M. l'abbé G., directeur de ces Dames, le seul individu étranger à cette affaire qui en ait entendu parler. Et que d'autres charités n'a pas faites ce saint prêtre, qui n'ont été connues que de Dieu seul! Faire le bien était le désir constant de son cœur, le cacher était sa préoccupation.

Plus d'une maison actuellement prospère n'a évité la ruine que grâce aux secours donnés à propos par cette main généreuse; plus d'une existence désespérée a retrouvé le calme, la confiance et a conquis sa place dans la société parce que le bon curé lui est venu en aide et l'a soutenue dans les jours mauvais. Quelques-unes de ces bonnes œuvres n'ont pu nous être cachées, mais on comprend qu'il ne nous est pas permis d'en violer le secret; d'ailleurs il n'est pas nécessaire de les connaître pour savoir que M. des Genettes a pendant toute sa vie été animé d'une charité qui ne connaissait pas de bornes, même celles de la prudence. Toujours prêt à donner, il a quelquefois été surpris par des apparences mensongères, et a livré à l'intrigue des sommes qu'il croyait accorder à d'honorables infortunes. Quand il s'appercevait de son erreur, il regrettait sans doute d'avoir mal placé ses aumônes, mais il ajoutait : « Si par une légitime défiance on ne voulait donner qu'à coup sûr, on s'exposerait à délaisser bien des misères trop réelles; il faut s'éclairer autant qu'on le peut, mais j'aime mieux être trompé trois fois que de refuser une seule à un véritable nécessiteux. »

Avec de telles habitudes, on conçoit aisément que M. des Genettes fut obligé de beaucoup restreindre ses dépenses personnelles. Elles ont toujours été, en effet, réduites au simple nécessaire. Ennemi déclaré du luxe et de tout ce qui avait une apparence de mondanité, il voulait vivre aussi pauvrement que le lui permettaient les convenances de sa position. Ceci nous amène à dire quelques mots de son intérieur.

Quand il arriva à Paris, il se logea avec son ami, M. Rivard, au séminaire des Missions étrangères; il trouvait ainsi le moyen d'allier les occupations extérieures du ministère avec le goût qu'il avait pour la retraite et la régularité de la vie religieuse. Devenu curé, il sentit que ses obligations étaient tout autres, qu'il devait se rendre facilement accessible à ses paroissiens, entretenir avec eux des relations de mutuelle bienveillance, et il se décida à prendre un logement en ville. Là, il essaya de réunir dans la vie commune les prêtres ses coopérateurs, mais cette tentative ne réussit pas. Peu d'années après, M. Rivard se maria, et resta avec sa jeune famille auprès de son vénérable ami, mais la maison continua à être tenue avec une sévérité toute sacerdotale. Jamais M. des Genettes ne voulut admettre pour son usage aucune superfluité. Une humble couchette sans rideaux, quelques meubles d'une extrême simplicité, un crucifix, un tableau de saint Vincent de Paul, faisaient de sa chambre une cellule de religieux ; son cabinet n'avait pour ornement qu'une nombreuse et bonne bibliothèque dont les volumes étaient rangés sur des tablettes de sapin teintes en rouge. C'était là que le curé, levé bien avant le jour, s'entretenait avec Dieu et nourrissait dans de longues méditations cet esprit de foi et de charité qui a formé le caractère distinctif de toute sa vie. Une fois descendu à l'église, on peut dire qu'il n'en sortait plus que pour prendre ses repas ou pour faire quelques courses exigées par son ministère. Jusque dans les derniers mois de sa vie, c'était à la sacristie qu'il fallait aller le chercher; il s'y tenait habituellement, toujours prêt à se rendre à l'appel des pénitents qui fréquentaient son confessionnal.

Sa table toujours frugale était cependant largement servie quand il réunissait son clergé, les membres de sa fabrique, ou qu'il invitait quelques-uns de ses parents et de ses amis; mais si dans ces occasions le choix et le nombre des mets témoignaient de son désir de traiter honorablement ses hôtes, la rigoureuse simplicité du service excluait toute idée d'apparat et de vanité. Le linge, l'argenterie, les cristaux, etc., tout était décent, mais rien de plus. Nous entrons sans aucun respect humain dans ces détails minutieux, petits si l'on veut, parce qu'ils font connaître l'homme; après tout, la vertu se constate par les actes communs de la vie, répétés chaque jour, bien mieux que par les actions éclatantes, très-rares d'abord et dont l'occasion peut ne se jamais présenter, et où l'âme la plus vulgaire peut s'élever pour un instant au-dessus d'elle-même.

Cette conduite fut blâmée par quelques-uns. On prétendait que le curé d'une paroisse telle que celle des Missions-Étrangères ne pouvait sans affectation réduire son existence extérieure à de si mesquines proportions; on prononça, mais tout bas, le mot d'avarice; le cri public était là pour répondre à cette dernière imputation; quand à l'autre reproche, M. des Genettes n'était pas de ceux qu'un sarcasme intimide. La considération dont il était entouré, lui prouvait d'ailleurs que, loin de lui nuire dans l'esprit de ses paroissiens, sa vie toute sacerdotale lui conciliait leur estime et leur confiance.

L'association pour la propagation des bons livres qui se fonda vers 1825 ou 1826, et dont on l'invita à faire partie, le mit en rapport assez fréquent avec plusieurs des hommes distingués qui s'étaient rangés sous la bannière de M. l'abbé de Lamennais. L'enthousiasme avec lequel ils parlaient du célèbre écrivain lui parut excessif; il remarquait avec défiance les tendances exclusives de ces esprits supérieurs, il est vrai, mais alors fascinés par le talent dominateur de leur chef. Dans une réunion, il s'opposa énergiquement à la proposition faite par un de ces messieurs de propager les livres de M. de Lamennais ; on s'indigna, la discussion devint fort vive, il les quitta en s'écriant : « En vérité cette homme est pour vous un grand Lama ! » A quelques jours de là, il fut rencontré dans la cour des Missions par le comte de Simphin, qui l'invita à dîner avec M. de Lamennais. Il accepta, content de pouvoir entendre parler ce prêtre, dont l'influence était grande alors et le nom déjà célèbre. Quand l'abbé fut parti, la comtesse très-prévenue en sa faveur, dit à M. des Genettes : « Eh bien, M. le curé, que dites-vous de notre Père de l'Église ? » « Un Père de l'Église, répondit-il brusquement, un Père de l'Église ? mais il ne sait pas son catéchisme ! » On se récria contre une telle boutade, qu'il justifia en signalant plusieurs erreurs théologiques échappées à l'improvisation de M. de Lamennais, puis il ajouta : « Il me fait peur ; c'est Luther qui recommence ; il fera beaucoup de mal, et c'est vous qui aurez à vous le reprocher parce que vous le gâtez. » A quelques années de là, il rencontra en Suisse M. de Simphin, alors ministre de l'Autriche auprès de la Confédération, et la comtesse désillusionnée lui dit qu'il n'avait été que trop prophète. Il eut, comme nous le verrons tout à l'heure, sujet de se repentir d'être entré dans cette association.

Parmi les projets qu'il formait pour le bien de sa paroisse, il en était un auquel il tenait beaucoup et qu'il ne vit échouer qu'avec regret; c'était la construction d'une église. Profitant un jour de la présence de Mgr de Quélen, il lui fit observer combien il était incommode de n'avoir qu'une église très-petite et dépendante d'une communauté. L'archevêque lui répondit : « Cherchez dans votre paroisse un local convenable, nous obtiendrons qu'on y bâtisse une église et elle sera pour vous. » Prenant cette parole au sérieux, il se mit en quête. La place Bellechasse était alors occupée par des baraques servant de magasins à fourrage, il lui sembla qu'une église y serait très-bien placée et alla faire part de son idée à Mgr de Quélen, qui le renvoya au préfet, M. de Chabrol. Ce dernier rejeta d'abord bien loin cette proposition : l'emplacement était à la disposition du ministère de la guerre, et il craignait de faire naître mille difficultés administratives. M. des Genettes répondit en lui dépeignant les désastres auxquels pouvait donner lieu un magasin à fourrages situé au milieu d'un quartier si riche et si beau; on en vint à discuter sérieusement la chose; la construction fut décidée en principe. L'église devait d'abord être dédiée au Sacré-Cœur, puis on adopta le vocable de saint Charles; mais le préfet remit l'exécution à quelques années, à cause des dépenses alors exigées par la Madeleine et Saint-Vincent de Paul. Sur le conseil de l'archevêque, M. des Genettes s'adressa directement au roi, qui le reçut très-bien, et lui dit que si la ville ne pouvait pas se charger de la dépense, il la paierait sur sa cassette. La révolution survint; l'église ne fut bâtie que plus tard et dans de tout autres conditions.

Vers cette époque, le nonce, Mgr Lambruschini, exprima le désir qu'il avait de voir porter M. des Genettes à l'épiscopat. Il en fut question; mais Mgr l'évêque d'Hermopolis ne voulut pas le proposer au roi, le trouvant *trop ultramontain* et *trop remuant*.

Le curé des Missions-Étrangères se trouvait, comme il le disait, le plus heureux des curés de Paris, quand arriva la catastrophe de 1830. Au moment où le mouvement commença, il faisait une retraite au noviciat des R. P. Jésuites, à Montrouge, et n'apprit ce qui se passait que par le bruit lugubre du tocsin et du canon. C'était le 28 juillet, dans la matinée; vers midi, on vint avertir qu'une bande nombreuse se dirigeait en vociférant vers Montrouge; on évacua en toute hâte la maison, qui fut saccagée, comme chacun sait, et M. des Genettes, sous des habits d'emprunt, rentra à Paris et put arriver jusqu'à son logement. Il y resta sans être inquiété jusqu'au 29 septembre.

Nous citons cette date pour répondre à ceux qui ont prétendu que M. des Genettes avait, à cette époque, eu peur et déserté son poste. Il est, ce me semble, facile de voir que deux mois passés tranquillement dans sa paroisse avaient dû calmer sa peur, s'il en eût ressenti, et qu'il n'y avait plus de raison de s'enfuir quand tout danger était passé et l'ordre rétabli. Le départ de M. des Genettes doit donc avoir une autre cause, la voici :

Quand, sur les instances du duc de Rivière, il était, en 1828, entré dans l'administration de la Société catholique des bons livres, cette œuvre était grevée d'une dette de 140,000 francs; s'opposant de tout son pouvoir aux dépenses que prodiguait un zèle plus ardent qu'éclairé, il espérait voir bientôt cette dette s'éteindre, quand, le 12 août 1830, se tint chez lui la dernière séance de la Société. Le compte rendu de l'état de situation fixait à 70,000 francs le reliquat de la dette ; le reste avait été payé pendant les deux années précédentes. En même temps on annonçait que les souscripteurs, dispersés ou découragés par les événements de juillet, abandonnaient l'œuvre. Il ne restait, avec un peu d'argent en caisse, que quelques valeurs presque insignifiantes et un fonds de livres dont l'écoulement était alors impossible. M. des Genettes demanda comment on ferait face à la dette encore existante, il lui fut répondu qu'il verrait à s'en tirer, et il apprit, à son profond étonnement, que les trois directeurs ses collègues partaient la nuit suivante. Il restait donc seul responsable d'une dette qu'il n'avait pas contractée et dont il n'avait accepté la solidarité que par complaisance et pour travailler à l'éteindre, en mettant prudemment en usage les ressources d'une association qui s'évanouissait tout à coup ! Il mesura tout d'abord les dangers d'une position si critique.

Lui, prêtre, curé, pouvait être d'un moment à l'autre mis en prison pour dettes! Quel triomphe pour l'impiété alors déchaînée! Quelle honte pour le clergé, si les journaux, s'emparant de l'affaire et la travestissant au gré de leurs passions, annonçaient que les curés de Paris faisaient le commerce et que l'un d'eux était incarcéré à Sainte-Pélagie! Cette pensée ne lui laissait aucun repos, et il vit bientôt que ses appréhensions n'étaient que trop fondées. Les créanciers devinrent pressants : 12,000 francs restaient en caisse, M. des Genettes les leur fit distribuer en à-compte au prorata de leurs créances, et resta débiteur de 58,000 fr. encore exigibles, sans aucun moyen de faire face à cette obligation [1]. Sur les entrefaites, un de ses amis, le marquis de N., royaliste exalté, vint le voir, lui dépeignit la situation sous l'aspect le plus sombre, et faisant appel à ses sentiments de dévouement à la maison de Bourbon, le pressa vivement de venir à Fribourg, où il se rendait

---

[1] Plus tard, cette affaire fut liquidée sans que nous sachions la part qu'y a pu prendre M. des Genettes : ses conseils, ses garanties, peut-être (nous l'ignorons), auront encouragé l'honorable maison de librairie qui s'en chargea ; mais son nom n'y fut plus mêlé.

lui-même et où s'étaient retirés plusieurs partisans de la famille royale déchue. Dans l'état d'esprit où se trouvait M. des Genettes, inquiet à juste raison d'un avenir qui menaçait de l'accabler sans qu'il y eût de sa faute, blessé dans ses affections politiques, il se décida au sacrifice le plus pénible en offrant sa démission à l'archevêque de Paris. Mgr de Quélen refusa d'abord de l'accepter, employa tour à tour les instances et les reproches, fit venir M. Desjardins dont il connaissait la grande influence sur le curé des Missions, et alla jusqu'à lui dire qu'il lui conserverait son titre en nommant un administrateur pendant son absence momentanée. Le curé refusa. « Je ne puis rester, disait-il, et si j'étais encore pasteur, je souffrirais trop d'être loin de mon troupeau. » Le nonce, Mgr Lambruschini, avait échoué aussi dans les efforts qu'il avait faits pour combattre cette résolution extrême, et Mgr de Quélen accepta la démission, très-mécontent de n'avoir pas été plus docilement écouté.

M. des Genettes rendit ses comptes à la fabrique, à la réunion du conseil qui eut lieu le 19 septembre. Quatre membres, MM. de Doudeau-

ville, de Prunelé, de Malessie et Cousin, les seuls présents alors à Paris, y assistèrent. Le registre des délibérations contient l'expression de leurs sentiments pour leur curé; voici ce qu'on y lit : « En terminant la séance, tristement desti-
« née à recevoir les adieux de leur digne pas-
« teur, MM. les marguilliers le prient de rece-
« voir l'assurance de leur estime, de leurs re-
« grets, de leur reconnaissance pour tous les
« services qu'il a rendus à la paroisse des Mis-
« sions-Étrangères; pour tant d'infortunes qu'il
« a soulagées et adoucies ; pour son active cha-
« rité, et pour toute la satisfaction qu'il a sans
« cesse donnée aux soussignés; ils ont toujours
« été aussi heureux qu'empressés de se réunir
« à M. des Genettes, depuis onze ans, pour con-
« courir au bien qu'il n'a cessé de faire par son
« zèle, par ses efforts et par ses talents. »

CHAPITRE IX.

Son départ pour la Suisse.

Au moment de partir pour Fribourg, M. des Genettes était, comme il lui arrivait souvent, sans argent. Quelques amis vinrent à son aide, et M. Rivard, qui ne voulut pas le quitter et le suivit avec sa jeune famille, subvint à ses besoins pendant son séjour en Suisse, et lui fournit les moyens de revenir quand son retour fut décidé.

A peine l'ancien curé fut-il sur la terre étrangère qu'il se sentit envahi par une grande tristesse. La colonie d'exilés volontaires qui s'était fixée à Fribourg était loin de présenter le caractère d'union qu'on se fût attendu à rencontrer chez des partisans de la même cause. M. des Genettes était connu de la plupart; il s'entremit, et ses démarches conciliatrices ne furent pas inutiles. Peu à peu ses relations s'étendirent; il confessa des Français dans les communautés, prêcha le dimanche, fit, en un mot, tout ce qu'il put pour donner quelque aliment à son zèle qui s'indignait de rester inactif. Mgr l'évêque de Fribourg, ayant appris à le connaître, lui portait une véritable affection; il se faisait souvent accompagner par lui, et voulut l'attacher à son diocèse en lui donnant la cure de Genève dont le vénérable M. Wuarin paraissait vouloir se démettre. M. des Genettes refusa cette charge ainsi que celle de curé français de Moscou qui lui fut offerte par le ministre russe en Suisse. Malgré les regrets qu'il nourrissait, et que rien ne pouvait appaiser, sa santé fut notablement améliorée par l'air pur des montagnes et par l'exercice qu'il prenait régulièrement. Plus d'une année se passa de la sorte. Quand le choléra éclata dans Paris, son désir de rentrer dans le ministère actif devint plus impérieux; il s'en ouvrit à quelques amis avec lesquels il était en correspondance, et en particulier à M. l'abbé Étienne, alors procureur général des Lazaristes. Ce respectable prêtre, auquel ses hautes qualités personnelles non moins que ses importantes fonctions donnaient une légère influence, parla de M. des Genettes à Mgr de Quélen, qui lui répondit : « Il devrait être ici ; écrivez-lui de revenir de suite. » Cette parole du prélat fut aussitôt transmise à Fribourg, et, dès qu'il connut la pensée de son archevêque, M. des Genettes fut décidé à partir. En vain M. Rivard, à qui il communiqua la lettre de M. Étienne, lui objecta-t-il les dangers de l'épidémie régnante. « C'est justement pour cela que j'y vais, répondit-il, » et immédiatement il alla arrêter sa place pour le lendemain. Il était alors affligé d'une cholérine très-intense. Son médecin lui représenta combien il était imprudent de se mettre en route dans cet état; mais il ne voulut rien écouter et monta en voiture. Pendant le voyage il ne se nourit que de sucre et se trouva guéri aux approches de Paris.

Il y arriva dans les premiers jours de mai 1832 et alla se loger chez MM. des Missions-Étrangères. La nouvelle de son retour se répandit aussitôt; on fit courir le bruit qu'il venait pour reprendre son ancienne cure; de là quelques inquiétudes, quelques mécontentements qui furent vite appaisés, quand on sut qu'il était allé purement et simplement se mettre à la disposition de Mgr l'archevêque.

Mais si, ayant spontanément renoncé à son titre de curé, il ne songeait en aucune façon à élever la moindre prétention à cet égard, il n'avait pas oublié l'affection qui l'unissait à ses paroissiens, et ceux-ci de leur côté le revoyaient avec bonheur au milieu d'eux. Les pauvres surtout, les pauvres dont il s'était tant occupé et avec tout l'épanchement de son cœur plein de charité, manifestèrent leur joie de façon à inquiéter la police fort ombrageuse et quelque peu timide de l'époque. Son cousin germain, des Genettes, l'ancien médecin en chef des armées impériales, était alors maire du 10e Arrondissement dont fait partie la paroisse des Missions. Il vint le trouver un jour et l'avertit d'être prudent parce qu'il était suivi partout; qu'au reste les rapports de la police lui étaient favorables, qu'on y reconnaissait que cette émotion n'avait aucun caractère politique, que c'était un père qui revient au milieu de ses enfants.

Il était à Paris depuis une quinzaine de jours,

quand un autre de ses cousins, le général Dufriche de Valazé, vint le trouver. « Je sors, lui dit-il, de chez le ministre (Girod de l'Ain), qui m'a parlé de faire de vous un évêque. » Je ne vous cache pas que je lui ai dit : — « mais il arrive de Fribourg. » — Je le sais, a répondu le ministre ; mais n'importe, nous savons aussi qu'il y a rempli un ministère de conciliation et nous pourrions avoir confiance en lui. M. des Genettes répondit à son parent qu'il était loin de s'attendre à une proposition pareille, et qu'il demandait trois jours avant d'y répondre. Il lui répugnait extrêmement de s'engager avec un gouvernement qu'il regardait comme usurpateur ; mais, d'un autre côté, pouvait-il refuser un poste qui lui semblait assigné providentiellement, et ne devait-il pas sacrifier ses sentiments personnels au service de l'Église ? Dans cette perplexité il alla consulter Mgr Garibaldi, qui le pressa vivement d'accepter. Mgr de Quélen, auprès de qui il se rendit ensuite, lui parla dans le même sens ; il répondit alors à M. de Valazé qu'il ne refusait pas, mais qu'avant d'accepter d'une manière positive il voulait avoir une entrevue avec le ministre. M. Girod de l'Ain entama la conversation par ces paroles :

« Nous vous connaissons, nous savons quelles
« sont vos opinions, nous ne vous demandons que
« de n'avoir pas d'arrières pensées. » M. des Genettes lui répondit : « Il y a en moi le prêtre et
« l'homme : l'homme a ses affections et ses con-
« victions qu'il ne déposera jamais; quant au
« prêtre, il ne connait que son devoir. » — C'est
une chose faite, lui dit le ministre, vous serez
évêque de Verdun.

Mais tout le monde ne partageait pas les idées
de M. Girod de l'Ain. Un personnage influent
alors vint le trouver et lui demander à quoi il
pensait de mettre à la tête d'un diocèse un légi-
timiste exalté, un des hommes de Fribourg, un
ennemi de l'établissement de juillet! Le ministre
ayant rapporté sa conversation avec M. des Genettes, on lui répondit que la bonne foi de ce
prêtre ne devait pas être mise en doute, mais
que c'était une tête ardente, que sa jeunesse
s'était signalée par un dévouement actif et au-
dacieux aux opinions royalistes. — « Que le pré-
tendant se montre sur la frontière, croyez-vous
que votre évêque de Verdun ne sacrifiera pas sa
conscience à ses affections? » Le ministre impa-
tienté de cette discussion qui dura longtemps,

s'écria : « On me contrarie, je ne ferai pas de nomination. » Et, en effet, il n'en fit pas, car il déposa le portefeuille quelques jours après.

Il paraîtrait que les parents de M. des Genettes voulaient absolument le voir sur un siége épiscopal, car, à peu de temps de là, son cousin lui proposa, de la part du ministre, l'évêché d'Ajaccio. Il répondit que, ne sachant pas l'italien, il croyait ne pouvoir pas se charger d'un tel fardeau ; le ministre dit qu'il lui en ferait donner l'ordre par le pape, et le bruit de sa nomination prit assez de consistance, pour qu'une députation corse vînt le complimenter. M. des Genettes leur répondit qu'ils se hataient trop, que rien n'était fait, et que, si la chose dépendait de lui, rien ne se ferait. Pendant qu'il se tenait ainsi sur la réserve, un autre candidat était activement poussé par le général Sébastiani, et le ministre ne trouvant que froideur chez celui qu'il avait résolu d'abord de nommer, céda facilement aux instances du représentant de la Corse.

CHAPITRE X.

Il est nommé à la cure de Notre-Dame-des-Victoires.

Deux mois s'étaient ainsi passés quand le curé de Notre-Dame-des-Victoires vint à mourir. Mgr de Quélen désigna, pour le remplacer, M. des Genettes qui accepta sans hésiter, et prit possession le 27 du mois d'août.

Dès les premiers jours il reconnut que son ministère allait être bien ingrat, semé de difficultés et privé de consolations. Laissons-le nous dire lui-même dans quel état il trouva sa nouvelle paroisse. Je copie le *Manuel de l'Archiconfrérie :*

« Il y a dans Paris, dans cette moderne Baby-
« lone qui a infecté le monde entier de tous les

« venins, de toutes les doctrines de la corrup-
« tion, de l'impiété, de la révolte et du men-
« songe ; il y a dans Paris une paroisse, alors
« presque inconnue, même d'un grand nombre
« de ses habitants. Elle est située entre le Palais-
« Royal et la Bourse, au centre de la ville ; sa
« ceinture se compose de théâtres et de lieux de
« de plaisirs bruyans et publics. C'est le quartier
« le plus absorbé par les agitations interressées
« de la cupidité et de l'industrie, le plus aban-
« donné aux criminelles voluptés des passions
« de toute espèce. Son église, dédiée à Notre-
« Dame-des-Victoires, a perdu son nom avec sa
« gloire ; on ne la connaît plus que sous le nom
« sans expression de l'église des *Petits-Pères*. En
« des temps malheureux elle servit à la bourse.
« Ce temple restait désert, même aux jours des
« solennités les plus augustes de la religion. Di-
« sons plus, disons tout, quoi qu'il nous en
« coûte : il était devenu un lieu, un théâtre de
« prostitution, et nous avons été forcé de recou-
« rir à la force publique pour en chasser ceux
« qui le profanaient. Point de sacrements admi-
« nistrés dans cette paroisse, pas même à la mort.
« C'est en vain que le prêtre monte dans la

« chaire, pour y rompre le pain de la parole,
« personne pour l'écouter. Une poignée de chré-
« tiens, et qui craignaient de le paraître, voilà
« tout le troupeau. Les autres, absorbés par les
« calculs de l'intérêt et du gain ou noyés dans
« les excès des voluptés et des passions, ne con-
« naissent ni l'église ni le pasteur ; et si ce
« triste pasteur tente d'établir quelques relations
« avec les âmes qui lui sont confiées, on le dé-
« daigne, on le repousse, on le méprise. Il s'en-
« tend dire qu'on *n'a pas besoin de lui, qu'il n'a*
« *qu'à se retirer.* Si, à force d'employer des sol-
« licitations étrangères, il obtient d'être admis
« auprès d'un malade en danger, c'est sous con-
« dition d'attendre que le malade ait perdu le
« sentiment, et encore qu'il ne se présentera
« qu'en habit séculier. A quoi bon sa visite ? *Il*
« *ne ferait que tourmenter inutilement le malade.*
« *Quand à son habit, on ne veut pas le voir; et*
« *puis que dirait-on si l'on voyait entrer un prêtre*
« *dans notre maison ? on nous prendrait pour des*
« *jésuites.* Voilà le degré de foi et d'esprit reli-
« gieux de cette paroisse [1]. »

[1] Manuel, p. 84.

7.

Dans une lettre que M. des Genettes adressait à Mgr de Quélen, il lui disait :

« Votre Grandeur a daigné me confier la pa-
« roisse de Notre-Dame-des-Victoires..... je ne
« connaissais nullement cette paroisse, je savais
« à peine où était située son église. Vous me
« dites, Monseigneur, que c'était une paroisse
« qui n'en était pas une. Ces paroles me frappè-
« rent, mais je ne m'attendais pas à les trouver
« si vraies et surtout d'une vérité si étendue.
« Vous connaissez le genre de population de ce
« quartier, vous savez combien il est peu reli-
« gieux, mais ce que vous ignorez sans doute,
« c'est que la *gazette des cultes* s'imprimait et se
« répandait par milliers dans la paroisse, aux
« derniers jours de la restauration ; que la *tri-*
« *bune* avait son imprimerie, ses bureaux et son
« club auprès de mon église ; que sept à huit
« autres journaux impies et immoraux s'impri-
« maient dans la paroisse ; que pendant les années
« 1832, 33, 34, et partie de 35, plusieurs loges
« de carbonari y étaient établies..... que là, les
« propos, les discours les plus impies, les plus
« violents, les proportions les plus atroces étaient
« continuellement à l'ordre du jour, contre la

« religion, contre vous, contre moi, et que le
« misérable S*** y promettait hautement de nous
« assassiner tous les deux.

« ..... Depuis la révolution de juillet surtout,
« plus d'administration de sacrements : les ma-
« lades mouraient sans confession ; presque plus
« de pâques ; l'église était déserte : trente ou
« quarante personnes à la grand'messe, une dou-
« zaine à vêpres, et c'était rare ; les prêtres dé-
« testés, méprisés, insultés s'ils se trouvaient
« dans la nécessité de se montrer au dehors avec
« leur vêtement clérical. Le dimanche qui suivit
« mon installation était la fête de Saint-Augustin
« (un des patrons de l'église). Cette circonstance
« et un peu la curiosité de voir le nouveau pas-
« teur auraient dû amener quelques personnes
« à l'église : je ne sais pas si plus de quarante
« paroissiens assistaient à la grand'messe, mais
« je comptai à vêpres au moment du sermon :
« nous étions trente-huit, en comptant le prédi-
« cateur qui ne put s'empêcher d'exprimer son
« mécontentement. — J'essayai de faire des vi-
« sites ; je fus reçu avec une malhonnêteté mar-
« quée, on me repoussait en qualité de prêtre. »

Un mois après son installation, il annonça un

service pour le repos de l'âme de son prédecesseur, il n'y vint que la servante du défunt.

Si le pasteur était profondément affligé par l'état moral où il trouvait sa paroisse, il était encore attristé par l'abandon et le dénuement honteux de l'eglise. Les ornements, les vases sacrés manquaient; tout dans cet édifice attestait l'indifférence de la population. On avait oublié Dieu, pourquoi se serait-on occupé de sa maison?

Tout était donc à faire, et dans les conditions les plus défavorables. M. des Genettes se mit cependant résolument à l'œuvre.

Dès les premiers jours il reconnut que, de toute part, il ne rencontrerait que des difficultés. Le tableau qu'il vient de nous faire de sa paroisse les fait aisément pressentir. D'autres obstacles, qu'il n'eût pas dû rencontrer, vinrent encore ajouter à sa peine. Pendant deux ans sa vie fut abreuvée d'amertumes; il pria à plusieurs reprises Mgr de Quélen de le décharger d'un fardeau si pesant, mais le prélat l'exhortait à la patience et lui commandait de continuer ses efforts. Il obéit, et sa soumission fut bénie de Dieu : quelque amélioration se manifesta. Les fidèles, quoique en petit nombre encore, apprirent le chemin de l'église ; il eut le bonheur de voir peu à peu la table sainte moins abandonnée ; il reçut les confessions des pécheurs jusqu'alors endurcis. Mais il remarquait avec douleur que ce mouvement ne se manifestait que presque imperceptiblement dans la paroisse, et que ceux qui apportaient quelques consolations à son ministère lui étaient pour la plupart étrangers.

Persuadé de l'inutilité de ses efforts, il demandait avec ardeur à Dieu de lui faire connaître sa volonté ; et, dans l'amertume de son cœur, il était presque décidé à faire auprès de son archevêque une nouvelle tentative quand ses résolutions furent tout à coup changées.

Voici comment il raconte lui-même ce qui se passa dans son âme :

« Le 3 décembre 1836, fête de saint François
« Xavier, à neuf heures du matin, je commen-
« çais la sainte Messe, à l'autel de la sainte
« Vierge, que nous avons depuis consacré à son
« Très-Saint et Immaculé Cœur, et qui est au-
« jourd'hui l'autel de l'Archiconfrérie ; j'en étais
« au premier verset du psaume *Judica me*,

« quand une pensée vint saisir mon esprit. C'é-
« tait la pensée de l'inutilité de mon ministère
« dans cette paroisse ; elle ne m'était pas étran-
« gère, je n'avais que trop d'occasions de la
« concevoir et de me la rappeler. Mais dans
« cette circonstance elle me frappa plus vive-
« ment qu'à l'ordinaire. Comme ce n'était ni le
« lieu ni le temps de m'en occuper, je fis tous
« les efforts possibles pour l'éloigner de mon
« esprit. Je ne pus y parvenir; il me semblait
« entendre continuellement une voix qui venait
« de mon intérieur et qui me disait : *tu ne fais*
« *rien, ton ministère est nul; vois, depuis plus*
« *de quatre ans que tu es ici, qu'as-tu gagné? Tout*
« *est perdu, ce peuple n'a plus de foi. Tu devrais*
« *par prudence te retirer.* Et, malgré tous mes
« efforts pour repousser cette malheureuse pen-
« sée, elle s'opiniâtra tellement qu'elle absorba
« toutes les facultés de mon esprit, au point
« que je lisais, je récitais les prières sans plus
« comprendre ce que je disais; la violence que
« je m'étais faite m'avait fatigué, et j'éprouvais
« une transpiration des plus abondantes. Je fus
« dans cet état jusqu'au commencement du ca-
« non de la messe. Après avoir récité le *Sanctus*,

« je m'arrêtai un instant, je cherchai à rappeler
« mes idées; effrayé de l'état de mon esprit, je
« me dis : *Mon Dieu, dans quel état suis-je? Com-*
« *ment vais-je offrir le saint Sacrifice? Je n'ai*
« *pas assez de liberté d'esprit pour consacrer. O*
« *mon Dieu, délivrez-moi de cette malheureuse*
« *distraction!* A peine eus-je achevé ces paroles,
« que j'entendis très-distinctement ces paroles,
« prononcées d'une manière solennelle : *Con-*
« *sacre ta paroisse au Très-Saint et Immaculé*
« *Cœur de Marie.* A peine eus-je entendu ces
« paroles, qui ne frappèrent point mes oreilles,
« mais qui retentirent seulement au dedans de
« moi, que je recouvrai immédiatement le calme
« et la liberté de l'esprit. La fatale impression
« qui m'avait si violemment agité s'effaça aus-
« sitôt; il n'en resta aucune trace. Je continuai
« la célébration des saints Mystères sans aucun
« souvenir de ma précédente distraction. Après
« mon action de grâces, j'examinai la manière
« dont j'avais offert le saint Sacrifice ; alors seu-
« lement je me rappelai que j'avais eu une dis-
« traction, mais ce n'était qu'un souvenir confus,
« et je fus obligé de rechercher pendant quel-
« ques instants quel en avait été l'objet. Je me

« rassurai en me disant : *Je n'ai pas péché, je
« n'étais pas libre.* Je me demandai comment
« cette distraction avait cessé, et le souvenir de
« ces paroles que j'avais entendues se présenta
« à mon esprit. Cette pensée me frappa d'une
« d'une sorte de terreur. Je cherchais à nier la
« possibilité de ce fait, mais ma mémoire con-
« fondait les raisonnements que je m'objectais.
« Je bataillai avec moi-même pendant dix mi-
« nutes. Je me disais : *Quelle fatale pensée! Si
« je m'y arrêtais, je m'exposerais à un très-grand
« malheur; elle affecterait mon moral, je pourrais
« devenir visionnaire.* Fatigué de ce nouveau
« combat, je pris mon parti et je me dis : *Je ne
« puis m'arrêter à cette pensée, elle aurait de trop
« fâcheuses conséquences; d'ailleurs c'est une illu-
« sion; j'ai eu une distraction pendant la messe,
« voilà tout. L'essentiel pour moi est de n'y avoir
« pas péché. Je ne veux plus y penser.* Et j'appuie
« mes mains sur le prie-Dieu, sur lequel j'étais
« à genoux. Au moment même, et je n'étais pas
« encore relevé (j'étais seul dans la sacristie),
« j'entends prononcer bien distinctement ces
« paroles : *Consacre ta paroisse au Très-Saint et
« Immaculé Cœur de Marie.* Je retombe à ge-

« noux, et ma première impression fut un mo-
« ment de stupéfaction. C'étaient les mêmes pa-
« roles, le même son, la même manière de les
« entendre. Il y a quelques instants j'essayais
« de ne pas croire, je voulais au moins douter ;
« je ne le pouvais plus, j'avais entendu, je ne
« pouvais me le cacher à moi-même. Un senti-
« ment de tristesse s'empara de moi, les inquié-
« tudes qui venaient de tourmenter mon esprit
« se présentèrent de nouveau. J'essayai vaine-
« de chasser toutes ces idées, je me disais : *C'est
« encore une illusion, fruit de l'ébranlement donné
« à ton cerveau par la première impression que tu
« as ressentie. Tu n'as pas entendu, tu n'as pas pu
« entendre.* Et le sens intime me disait : *Tu ne
« peux douter, tu as entendu deux fois.* Je pris le
« parti de ne point m'occuper de ce qui venait de
« m'arriver, de tâcher de l'oublier. Mais ces pa-
« roles : *Consacre ta paroisse au Très-Saint et Im-
« maculé Cœur de Marie,* se présentaient sans cesse
« à mon esprit. Pour me délivrer de l'impression
« qui me fatiguait, je cède de guerre lasse et je
« me dis : *C'est toujours un acte de dévotion à la
« sainte Vierge qui peut avoir un bon effet; es-
« sayons.* Mon consentement n'était pas libre, il

« était exigé par la fatigue de mon esprit. Je
« rentrai dans mon appartement; pour me dé-
« livrer de cette pensée, je me mis à compo-
« ser les statuts de notre association. A peine
« eus-je mis la main à la plume, que le sujet
« s'éclaircit à mes yeux, et les statuts ne tardè-
« rent pas à être rédigés. Voilà la vérité, et nous
« ne l'avons pas dite dans la première édition
« de ce *Manuel*, nous l'avons même cachée au
« vénérable directeur de notre conscience; nous
« en avons fait jusqu'à ce jour un secret même
« aux amis les plus intimes; nous n'osions pas
« le dévoiler, et, aujourd'hui que la divine mi-
« séricorde a signalé si authentiquement son
« œuvre par l'établissement, la prodigieuse pro-
« pagation de l'Archiconfrérie et surtout par les
« fruits admirables qu'elle produit, ma con-
« science m'oblige à révéler ce fait. *Il est glo-*
« *rieux*, disait l'archange Raphaël à Tobie, *il est*
« *glorieux de révéler les œuvres de Dieu*, afin que
« tous reconnaissent qu'à lui seul appartiennent
« la louange, l'honneur et la gloire. »

Nous ne voulons pas aborder ici l'histoire de
l'Archiconfrérie, et cependant il faudrait le faire
pour écrire désormais la vie de M. des Genettes;

car à partir de cette époque ses pensées, ses désirs, ses travaux, ses peines, ses joies, tout se rapporte à cette œuvre dont le Seigneur des miséricordes l'a fait l'instrument. C'est dans les *Annales de l'Archiconfrérie* et dans le *Manuel* qu'on peut apprendre à connaître le digne serviteur de Marie dont le souvenir nous occupe. Il a écrit ces opuscules sans aucune préoccupation littéraire, sans soin, prenant la plume quand il avait quelques instants de loisir et la déposant dès que les besoins des âmes l'appelaient ailleurs ; mais dans ces pages négligées le sentiment qui remplissait son cœur déborde à chaque ligne. Nous y renvoyons nos lecteurs et nous nous bornerons à quelques faits de détail, qui pourront compléter ce qu'il a dit lui-même.

Quand la nouvelle association de prières fut établie, M. des Genettes eut la douloureuse satisfaction de la voir soumise à l'épreuve qui n'a jamais manqué aux œuvres vraiment entreprises pour la gloire de Dieu. De toute part on se déchaîna contre lui : pour les uns il était un imposteur ; pour les autres un intrigant ; il en fut qui le tinrent pour un homme cupide ; les plus indulgents le regardèrent comme un visionnaire.

Les railleries, les sarcasmes, les calomnies même lui furent prodigués. On indisposa contre son œuvre le pieux Mgr de Quélen, qui cependant d'abord l'avait approuvée, et sans l'avis duquel il n'avait rien entrepris; des hommes religieux mais timides, taxaient d'imprudence une telle manifestation, dans un temps où les haines excitées vers la fin de la restauration étaient encore si vivaces, et surtout dans un quartier manifestement indifférent ou hostile; ils rappelaient que l'église de Notre-Dame-des-Victoires avait été précisément le théâtre de scènes scandaleuses à l'occasion des missions. Nous avons vu M. des Genettes à cette époque, n'ignorant rien de ce qui se répétait contre lui, et n'opposant à toutes les attaques qu'une patience inébranlable. « Qu'on « dise de moi ce qu'on voudra, nous a-t-il répété « plus d'une fois, peu importe; ce n'est pas de « moi qu'il s'agit. Ce n'est pas ici mon œuvre, « c'est celle de la sainte Vierge, et elle saura « bien la faire malgré eux. » S'il n'avait que dédain pour les attaques qui lui étaient personnelles, il n'en était pas de même de celles que l'on dirigeait contre son œuvre. Son indignation alors trouvait des accents énergiques, et sa défense se ressentait de toute la vivacité de son caractère.

Plus tard, quand le prodigieux développement de l'Archiconfrérie eut fait connaître et vénérer son nom dans toutes les parties du monde, s'il apprenait que la méchanceté continuait à s'exercer contre lui, il me disait : « Les pauvres gens mentent ou se trompent, mais il est bon qu'on me traite de la sorte; je le mérite, car je réponds bien mal aux grâces que j'ai reçues de Dieu. » C'était là sa pensée habituelle, et souvent il me l'a exprimée lorsque, durant les longs mois de souffrance et d'amertume qui ont précédé sa mort, je le félicitais de faire son purgatoire sur la terre et de préparer aussi son âme pour la gloire. « Je devrais désirer de souffrir bien davantage, car j'ai fait bien peu, malgré les grâces qui m'ont été accordées. »

Et cependant quelle vie était plus remplie que la sienne? Ses journées entières étaient occupées, et à peine quelquefois avait-il le temps de prendre à la hâte ses repas. Après avoir confessé dans l'église pendant huit, dix et douze heures, il recevait chez lui des hommes qui n'osaient pas encore se faire voir auprès d'un confessionnal, ou qui, tourmentés par une inquiétude qu'ils ne savaient pas définir, venaient lui demander le mot du trouble qui les agitait. Il éclairait ces esprits encore enveloppés de ténèbres, il discutait les doutes de ceux dont la foi n'était que chancelante, et on l'a vu prolonger ces pieux et apostoliques entretiens jusqu'à deux heures du matin. Tant que ses forces y ont suffi, il dirigeait toutes les affaires de l'Archiconfrérie, et ce n'est que dans les dernières semaines de sa maladie qu'il a cessé d'ouvrir lui-même les nombreuses lettres que lui apportait chaque courrier.

Il est vrai que, pour suffire à cette besogne, il se refusait toute distraction extérieure. Très rarement il mangeait hors de chez lui; il ne faisait de visites que celles qui étaient strictement indispensables; il ne se permettait jamais d'absences prolongées. Quand sa santé devint sérieusement menacée, il fallut les plus vives instances de son ami intime et dévoué, M. Rivard, et même l'injonction de son confesseur, pour le décider à aller prendre l'air pendant une semaine ou deux; et quoique de fidèles amis se fissent un bonheur de le recevoir, il préférait, le plus ordinairement, la maison de campagne du séminaire du Saint-Esprit, où le temps de son repos devenait pour lui une époque de retraite et de récollection.

Si on se rend compte des consolations qu'une telle vie apportait à son âme de prêtre, on comprendra qu'il n'ait pas un instant hésité a rejeter la proposition qui lui fut faite, sous le ministère de M. de Falloux, de le porter à un siége épiscopal.

Une fois il se départit de sa règle de résidence exacte; ce fut pour faire le voyage de Rome. Lui qui, comme il me le disait en m'en donnant la leçon, ne se rendait jamais auprès de l'archevêque de Paris sans faire un acte de foi sur l'autorité que Jésus-Christ a donnée à l'épiscopat, ne pouvait que désirer vivement d'aller se mettre aux pieds du représentant du Sauveur sur la terre. Quand le progrès de l'Archiconfrérie exigea de lui cette démarche, il s'en réjouit et s'y prépara comme à un acte important de religion. Le pieux et zélé abbé Th. Ratisbonne, alors sous-directeur de l'Archiconfrérie, et depuis fondateur de l'Ordre de Sion, l'accompagna dans son pèlerinage.

Laissons-le rendre compte lui-même de ses impressions [1].

« Nous quittâmes Paris le 16 juin de cette année
« 1842; le 20, nous arrivions à Marseille, et le 24,
« à 9 heures du soir, nous avions atteint le terme
« de notre pèlerinage. Nous étions à Rome. Pen-
« dant le trajet nous n'avons fait halte qu'à Lyon,
« Arles et Marseille. Dans chacune de ces trois
« villes si chrétiennes, si religieuses, notre cœur
« goûta des consolations bien douces en appre-
« nant les progrès qu'y acquièrent les confréries
« du saint Cœur de Marie, et les grâces prodi-
« gieuses par lesquelles la divine bonté récom-
« pense leur zèle et leurs prières.

« Le lendemain de notre arrivée, le 25 au matin,
« nous allâmes saluer le cardinal Lambruschini,
« secrétaire d'État. Son Éminence daigna nous
« recevoir comme un ancien ami. Quand nous lui
« exprimâmes le désir de présenter nos hom-
« mages au Saint-Père, elle nous fit la grâce de
« nous dire : *Ne vous occupez pas de cela ; je vous*
« *défends d'en parler à personne : je m'en charge ;*
« *mais cela ne pourra être qu'après la Saint-Pierre.*

---

[1] *Annales de l'Archiconfrérie*, p. 86.

« C'était sans doute un grand honneur pour nous;
« nous le sentions, mais notre cœur n'était pas
« satisfait. Un désir qui dégénérait en une impa-
« tience presque enfantine le possédait. Nous
« avions fait un long voyage pour voir un père,
« l'objet de notre vénération, de notre amour.
« Sa pensée avait constamment rempli notre
« cœur, occupé notre esprit. Nous étions près
« de lui et nous ne pouvions pas le voir.

« Nous fûmes un peu consolé, car nous ap-
« prîmes que dans la soirée même nous pouvions
« contenter une partie de nos désirs. On célèbre
« à Rome, dans toutes les églises, une neuvaine
« de prières en l'honneur de la Très-Sainte Vierge
« et des saints Apôtres, durant les neuf jours
« qui précèdent la fête de saint Pierre, pour in-
« voquer la protection divine en faveur de l'Église
« et de la ville de Rome en particulier. Le Pape
« assiste tous les jours à celles qui se font dans
« la basilique de Saint-Pierre; nous nous y ren-
« dîmes. A peine nous eûmes franchi le seuil,
« que la Confession de Saint-Pierre s'offrit à nos
« yeux. A partir de ce moment, une seule pensée
« absorba notre esprit : saint Pierre et le Pape.
« Nous nous prosternâmes à l'entrée du tombeau

« des saints Apôtres; nous y avons déposé la
« confession de nos misères, nous en avons de-
« mandé le soulagement et la guérison par le
« crédit, par la puissance de celui à qui Notre-
« Seigneur a dit : *Tout ce que tu délieras seras délié*
« *dans le ciel*. Après avoir imploré miséricorde
« pour nous, afin d'être moins indigne de parler en
« votre nom, nous avons prié pour l'Église, pour
« notre chère paroisse, pour notre sainte Archi-
« confrérie, pour vous tous, nos chers confrères,
« et pour chacun de vous en particulier. Ré-
« pandus sur la face de la terre, nous ne vous
« connaissons pas ; et cependant nous nous
« voyons et nous correspondons intimement
« avec vous tous les jours dans le miroir sans
« tache du Cœur Immaculé de Marie.

« Le moment où les prières allaient commencer
« étant venu, nous nous rendîmes à la chapelle
« où elles devaient se faire. Le Souverain-Pontife
« arrive suivi de son cortége. Nous n'essaierons
« point de vous dépeindre la douce et religieuse
« impression qui saisit notre cœur à la vue du
« successeur de saint Pierre, du père commun
« des chrétiens, du vicaire de Jésus-Christ; elle
« nous est encore présente, et nous n'avons point

« de termes pour la rendre. Il prie, ce pontife,
« image vivante du pontife éternel, il prie pour
« l'Eglise et pour la ville. Pasteur universel à qui
« le soin des brebis et des agneaux est confié, il
« s'entretient avec son divin commettant des
« maux, des besoins, des intérêts de tous les
« membres du troupeau, et j'étais là, à quelques
« pas du grand Pontife, étranger, inconnu dans
« cette ville si fameuse autrefois par la dure do-
« mination qu'elle exerça sur les nations, mais
« bien plus illustre aujourd'hui par sa douce, sa
« sainte et maternelle influence, par le pouvoir
« divin qui éclaire les esprits, qui gouverne les
« cœurs, dont le Tout-Puissant a placé la source
« dans son sein. Je contemplais l'auguste dé-
« positaire de cette puissance ineffable ; il priait,
« et je sentais par la joie douce, la sainte onction
« qui découlaient dans mon cœur, que loin d'être
« étranger, j'étais l'enfant de la grande famille,
« et que le père commun intercédait pour moi.

« Cette vive et religieuse impression, ces douces
« émotions furent encore plus profondes, plus
« sensibles en moi le jour de la Saint-Pierre,
« à l'office pontifical. Placé, par les soins de
« S. Ém. le cardinal Lambruschinj, de la manière

« la plus favorable, j'ai tout vu ; la plus petite
« circonstance de cet office si majestueusement
« solennel ne m'a pas échappé. Il n'entre pas
« dans mon sujet de vous en faire le tableau.
« Mais que ne pouvez-vous voir, comme je l'ai
« vu, le vicaire de Jésus-Christ, le successeur de
« Pierre, le Souverain-Pontife de l'Église catho-
« lique célébrant les saints mystères sur l'autel
« de la *Confession*, qui n'appartient qu'à lui, et
« sur lequel aucun prêtre, quelle que soit sa di-
« gnité dans la hiérarchie, ne peut célébrer !

« ....Jusqu'ici nous n'avions vu que le Pontife,
« le jour approchait où nous pourrions voir le
« père, entrer en rapport avec lui, avoir le bon-
« heur de l'entendre et de lui parler. Le di-
« manche 3 juillet (ce jour est pour jamais
« gravé dans notre esprit et dans notre cœur),
« nous nous rendîmes, l'abbé Ratisbonne et moi,
« au palais du Quirinal. Nous allions avec em-
« pressement et joie, et pourtant un sentiment
« intérieur semblait comprimer ma joie et mon
« empressement. Tous ceux qui ont eu le bon-
« heur de voir le Souverain-Pontife savent et ra-
« content avec quelle noble affabilité, avec quelle
« bénignité Grégoire XVI accueille et entretient

« tous ceux qu'il admet à son audience. Les Fran-
« çais surtout ne le quittent que pénétrés de vé-
« nération et de reconnaissance[1]. On n'est pas
« longtemps avec lui sans connaître et com-
« prendre combien il aime la France, le clergé
« français. Il en parle toujours, et toujours avec
« effusion de cœur. Il n'y avait donc pas pour
« moi lieu à la crainte ; d'ailleurs, le Pape avait
« daigné dire, quelques jours avant, qu'il sa-
« vait mon arrivée à Rome et qu'il me verrait
« avec plaisir.

« Cependant, plus j'avançais, plus mon cœur
« battait. Ce n'était pas une visite que j'allais
« faire, c'était un acte de religion que j'allais
« accomplir. J'allais paraître devant la plus
« grande puissance, la plus sainte autorité qui
« soit sur la terre, la seule qui ait le droit de
« soumettre les esprits et d'enchaîner les cœurs,
« la seule contre laquelle viennent se briser tous

[1] Cette affection particulière du pape Grégoire XVI pour les Français se manifestait avant son exaltation au pontificat suprême. Quoiqu'il fût cardinal et préfet de la Propagande, j'eus l'honneur de le voir, et il me dit qu'il aimait les Français parce qu'il avait reconnu qu'ils étaient les meilleurs missionnaires parmi ceux que la Sacrée-Congrégation envoie chez les infidèles.

« ceux qui la heurtent. J'allais conférer avec ce-
« lui qui tient en ses mains les clefs du ciel,
« celui à qui Jésus-Christ a légué sa souveraine
« puissance. Aussi je sentais, et mon cœur me
« le disait, que je devais me proposer de rendre
« hommage à Jésus-Christ en vénérant son
« vicaire.

« Ces réflexions occupaient mon esprit en ap-
« prochant du Quirinal. Nous arrivons : c'est la
« demeure du souverain de plus de 2,000,000
« de sujets ; point de gardes. Sur notre demande,
« on nous indique l'appartement particulier du
« Saint-Père : là, quelques ecclésiastiques nous
« accueillent avec une politesse respectueuse.
« Voici sur la terre le seul souverain dont le
« palais ne soit pas entouré, hérissé par des gar-
« des. Cependant c'est un vieillard, c'est un
« prêtre ; sa force et sa puissance sont peu pri-
« sées aux yeux des hommes ; mais qu'elles sont
« grandes et qu'il les connaît bien ! Sa force est
« dans la puissance du Seigneur, qui a fait le ciel
« et la terre et qui lui a dit : Je t'envoie, tu iras ;
« j'enverrai mon ange, afin qu'il marche devant
« toi : sois ferme et courageux, car c'est toi qui
« feras entrer mon peuple dans la terre que je

« lui ai promise. Ne crains rien, je suis avec toi ;
« je serai l'ennemi de tes ennemis, et j'affligerai
« ceux qui t'affligent.

« On ne tarda pas à nous introduire dans le
« cabinet du Saint-Père. Ah ! si quelque pensée
« de crainte ou d'inquiétude avait agité nos es-
« prits, elle devait s'évanouir. Ici la majesté du
« souverain va en quelque sorte s'effacer devant
« la bonté du père, et du père le plus tendre. A
« peine eûmes-nous franchi le seuil, au moment
« où nous fléchissions le genou, que nous vîmes
« le Saint-Père nous tendre les bras et nous
« appeler à lui : *Ah ! venez, venez,* disait-il. Pro-
« sterné à ses pieds, j'eus de la peine à les em-
« brasser, car il se baissait et faisait effort pour
« me relever. Aussitôt il saisit mes deux mains,
« les serra dans les siennes en m'adressant les
« paroles les plus douces et les plus tendres. A
« ce moment, un doux frémissement circula
« dans mes veines ; mes pauvres mains renfer-
« mées dans celles du vicaire de Jésus-Christ,
« mes mains, si indignes d'être touchées par lui,
« serrées avec tendresse par celles qui portent
« les clefs du ciel, qui répandent sur le monde
« entier les bénédictions divines ! Oh ! je l'avoue,

« très-chers confrères, l'amour filial l'emporta
« chez moi sur tout autre sentiment. J'oubliai le
« respect, et comme le petit enfant se jette dans
« les bras de sa mère et la couvre de baisers, je
« baisai par trois fois avec transport ces mains
« sacrées et si vénérables. Le saint Pontife me
« serrait toujours les mains, souriait avec une
« ineffable bonté et semblait encourager ma har-
« diesse.

« Pardon, Très-Saint-Père, pardon, l'amour
« vient encore de me rendre imprudent. J'ose
« raconter à mes frères vos bontés pour un sujet
« si indigne de votre attention, les saintes fami-
« liarités auxquelles vous avez daigné vous abais-
« ser avec moi. C'est que, bien convaincu que ce
« n'est pas au pauvre prêtre, mais à votre fille,
« l'Archiconfrérie du Très-Saint Cœur de Marie,
« que Votre Sainteté a voulu prodiguer ses fa-
« veurs, je les leur révèle pour qu'ils partagent
« la joie, la reconnaissance et l'amour dont mon
« cœur est pénétré, et que mes hommages, réunis
« à ceux de tous mes confrères répandus sur
« toute la terre, soient moins indignes d'être dé-
« posés aux pieds de Votre Sainteté.....

« Ils furent bien courts les moments que nous

« passâmes avec un si bon, un si tendre père;
« cependant notre audience dura trois quarts
« d'heure. Au moment du départ le Saint-Père
« eut la bonté de nous recommander de revenir
« le voir avant de quitter Rome. Dans l'intervalle
« qui s'écoula entre nos deux audiences, Sa
« Sainteté daigna donner à l'église de Notre-
« Dame-des-Victoires, pour l'Archiconfrérie, un
« corps saint. Elle a marqué elle-même la place
« qu'il doit occuper. L'acte de donation et d'au-
« thenticité porte cette condition, qu'il sera
« placé dans l'autel du Saint-Cœur de Marie :
« c'est le corps de sainte Aurélie, martyre ; il
« est accompagné du vase où son sang fut re-
« cueilli et d'une pierre tumulaire en marbre
« blanc qui fermait son tombeau, et sur laquelle
« sont gravés l'image du Bon Pasteur portant sa
« brebis, et ces mots : *Sanctæ Aureliæ, martyris*
« *bene merentis.* »

L'influence de la *malaria* ne tarda pas à se faire sentir à M. des Genettes; la fièvre le prit et l'empêcha de satisfaire à sa dévotion en visitant les principaux sanctuaires de Rome. Après une quinzaine de jours, il résolut de repartir pour la France. Le Pape l'ayant autorisé à le venir trouver une seconde fois avant de quitter Rome, il alla, deux jours avant son départ, prier le cardinal Lambruschini de lui obtenir une audience. Le délai était bien court; cependant Son Éminence daigna se charger de la demande, qui fut favorablement accueillie. En se rendant chez le Saint-Père, l'abbé Ratisbonne recommanda à son vénérable ami de s'abstenir de faire de sa tabatière un usage aussi fréquent que lors de leur première audience. M. des Genettes promit très-docilement de veiller sur soi; mais il était à peine en présence du Pape, qu'entraîné par son habitude il met la main à la poche, en tire la malencontreuse tabatière, puis, se rappelant sa promesse, cherche à la remettre à sa place sans que son geste fût remarqué. Grégoire XVI avait parfaitement vu ce petit manége; et comme il savait par expérience ce que souffre un priseur sans tabac, il prit sa propre boite et la présenta toute ouverte au bon curé, qui ne s'en fit pas faute. Priser dans la tabatière du Pape, cela n'est pas donné à tout le monde.

Ceci nous rappelle une autre anecdote.

Du vivant du pape Léon XII, le cardinal Lambruschini avait fait obtenir la croix de l'Éperon-d'Or à M. des Genettes, qui, peu soucieux des distinctions honorifiques, reçut cependant avec une joie respectueuse cette décoration, qu'il considérait comme une marque de la bienveillance du Pape. Grégoire XVI ayant créé l'ordre de Saint-Grégoire-le-Grand, on dit à M. des Genettes que l'Éperon-d'Or étant supprimé, ceux qui en étaient décorés devenaient de plein droit chevaliers du nouvel Ordre. Dans cette croyance, quoiqu'il ne portât jamais sa croix, il tenait en trop haute estime une faveur pontificale pour ne pas se mettre en règle. Il le désirait d'autant plus alors, qu'en ce moment il était tourmenté à Paris par mille désagréments contre lesquels un signe, même indirect, de l'approbation du Saint-Père eût augmenté sa force et sa patience. Il écrivit donc à un de ses amis, qu'il chargeait à Rome des affaires de l'Archiconfrérie, de lui faire expédier le brevet, qui n'arriva jamais. Quand il se rendit à l'audience du Pape, il pensa que la solennité de cette visite exigeait qu'il mît ses croix. Il attache donc sur sa poitrine celle de la Légion-d'Honneur, dont, à ma connaissance, il ne s'est paré que dans trois circonstances, sans qu'on lui en ait jamais vu le ruban à la boutonnière. Il ne pouvait, sans manquer de respect, omettre l'Ordre pontifical; il achète donc à Rome une belle croix de Saint-Grégoire et se rend au palais. Le Pape, ne se rappelant pas avoir signé de brevet pour M. des Genettes, lui dit en montrant la décoration : « *Chi v'ha dato questo* (qui vous a donné cela)? » Le bon curé s'explique de son mieux. Le cardinal Lambruschini vient en aide à son embarras et raconte l'affaire. Le Pape rit beaucoup de sa méprise; puis, lui touchant la poitrine : « Elle est là, dit-il, elle y restera; elle y est bien. » Elle n'y a jamais reparu; mais M. des Genettes la conservait avec respect, comme un souvenir de son pèlerinage.

On ignorait généralement qu'il eût aucune décoration, et la plupart de ceux qui assistèrent à ses obsèques virent avec étonnement les croix déposées sur son cercueil.

CHAPITRE XI.

Ses dernières années.

A son retour en France, il reprit le cours de ses occupations habituelles. L'Archiconfrérie y avait la plus grande part; c'était la source de ses plus grandes consolations spirituelles. Mais il ne se laissait pas absorber de manière à négliger les autres œuvres où le désir de la plus grande gloire de Dieu l'engageait.

Sa paroisse, si rebelle d'abord, et à laquelle il s'était attaché en proportion de ce qu'il y avait souffert, était l'objet de son incessante sollicitude. Il s'appliquait à décorer l'église avec un goût douteux peut-être, car il était indifférent au mérite artistique de ses embellissements, mais avec le plus vif désir de la rendre moins indigne de son divin Maître.

La Providence lui venait souvent en aide ; ainsi, lorsqu'il pensait à faire réparer les orgues, et que l'argent manquait pour la dépense considérable qu'exigeait cette entreprise, un seigneur italien le vient trouver. Il lui raconte qu'étant le dernier de sa race, il veut faire hommage à la sainte Vierge d'un bijou qui, rapporté d'Orient, a toujours passé de main en main aux aînés de la famille, et il lui remet un superbe diamant. Le curé, très-incompétent en pareille matière, fait estimer la pierre par un joaillier, qui, tout en lui reconnaissant une valeur de 30,000 francs, en offre seulement 18,000 : on était en 1848. 18,000 francs étaient encore une somme assez considérable pour que M. des Genettes ne voulût pas en disposer sans l'avis de son supérieur; il alla donc consulter Mgr Affre, qui approuva la destination proposée, et les orgues furent restaurées.

Une autre fois, un inconnu apporta 2,000 fr. pour aider à la décoration de l'église, dont la nudité l'avait affligé.

Depuis plusieurs années, au reste, M. des Genettes avait cessé de s'occuper d'orner les murs.

Les fidèles y pourvoyaient en les couvrant d'une foule d'*ex voto*, et cette bigarrure de marbres, où la reconnaissance envers la Très-Sainte Vierge éclate en mille aspirations diverses, réjouissait la vue du bon prêtre plus que les peintures ou les mosaïques les plus précieuses.

D'autres projets l'occupaient ; il y avait des réparations importantes à faire, l'église avait besoin de dégagements et de chapelles ; le manque de presbytère obligeait le curé et les prêtres à se loger en ville. M. des Genettes entretenait son conseil de fabrique de ces nécessités diverses et pressait ces messieurs de faire les démarches nécessaires. Leur concours ne lui a jamais fait défaut, et il se félicitait souvent de la bonne entente qui régnait entre eux. Les résultats eussent été meilleurs peut-être si M. des Genettes eût, de son côté, agi avec plus d'activité et de souplesse. Mais il se tenait vis-à-vis de l'autorité dans une attitude de froide réserve, qui plus d'une fois a nui à la réalisation de ses désirs.

Tous les fidèles de la capitale savent que depuis plusieurs années les prières des quarante heures y sont perpétuelles, et que le Saint-Sacrement est, à cet effet, exposé successivement dans toutes les églises. Cette pieuse coutume, adoptée depuis plusieurs siècles à Rome et dans plusieurs des principales villes d'Italie, y a reçu son complément par l'institution de l'adoration nocturne. Les hommes inscrits dans l'Archiconfrérie du Saint-Sacrement s'engagent à venir à tour de rôle, deux à deux, passer une heure en prières devant Notre Seigneur quand les cérémonies sont terminées et l'église fermée au public. Jésus caché sous les voiles eucharistiques a toujours ainsi des adorateurs devant l'humble trône que sa miséricorde s'est choisi sur la terre. Le pieux abbé de La Bouillerie, maintenant évêque de Carcassonne, eut l'heureuse pensée de donner ce nouvel aliment à la piété des catholiques de Paris, et s'en ouvrit à M. des Genettes. C'étaient deux âmes faites pour se comprendre, et le curé, applaudissant à cette pensée, s'empressa de mettre son église à la disposition des confrères parmi lesquels se distinguait M. Hermann, aujourd'hui religieux de l'Ordre des Carmes déchaussés. Ce fut au mois de novembre 1848 que commença à Notre-Dame-des-Victoires l'adoration nocturne, dont l'usage s'est répandu dans beaucoup d'églises de Paris et de la province.

M. des Genettes regrettait toujours que le clergé des paroisses fût privé des utiles auxiliaires que lui fournissent les Ordres religieux; aussi vit-il avec joie le R. P. Lacordaire entreprendre de relever en France l'Ordre de Saint-Dominique; il le suivit de ses vœux, l'aida de ses prières, et son influence ne lui fit pas défaut quand une colonie de Frères prêcheurs vint s'établir à Paris. Il fut un des premiers à entrer dans le tiers-ordre.

Je n'affirmerai pas que ce soit son initiative qui ait appelé les RR. PP. Capucins dans la capitale, mais je sais qu'il se donna beaucoup de mouvement pour favoriser leur établissement, et qu'il les y aida puissamment.

Bien des années auparavant, il avait soutenu de ses encouragements Dom Guéranger dans l'entreprise difficile de la résurrection des Bénédictins en France.

En un mot, il prêtait son concours à toutes les œuvres utiles à l'Église. Ses vues larges le mettaient au-dessus des mesquines considérations qui si souvent paralysent de bonnes intentions trop timides, et quelles que fussent les difficultés, dès qu'une pensée lui paraissait devoir tourner à la gloire de Dieu, il l'adoptait sans hésiter et la poursuivait dans ses conséquences aussi loin que ses moyens d'action lui permettaient d'atteindre.

Ses dernières années, passées dans l'exercice de son laborieux ministère, n'offrent pas d'incident qui mérite d'être remarqué.

Je me trompe : il y eut un jour où son cœur ressentit la joie la plus vive; c'est quand la statue qui s'élève derrière l'autel de la Sainte-Vierge, à Notre-Dame-des-Victoires, fut solennellement couronnée.

Cet usage, peu connu en France, est très-répandu en Italie. Un personnage important, voulant laisser un témoignage permanent de sa dévotion envers la Reine du Ciel, a constitué une rente dont le produit est destiné au couronnement annuel d'une des images miraculeuses de la sainte Vierge, dans un de ses sanctuaires, dont la désignation est faite par le chapitre du Vatican et soumise à l'approbation du Pape. Or, en 1851 ou 1852, on parlait, dans un salon de Rome, du sanctuaire auquel était dévolu le couronnement pour cette année. Une dame française s'écria que l'on devrait bien couronner aussi Notre-

Dame-des-Victoires de Paris ; tout le monde applaudit à sa remarque, mais un chanoine de Saint-Pierre du Vatican fit observer que la demande n'en avait pas été faite, et que, d'ailleurs, la désignation étant régulièrement arrêtée, on n'y pouvait plus penser pour cette année. Eh bien ! reprit cette dame, nous sommes assez de Français à Rome pour réunir les fonds suffisants et suppléer à ce que le chapitre du Vatican ne peut pas faire ; que le Pape nous permette seulement d'agir ! Un prélat, camérier de Sa Sainteté, promit d'en parler au Saint-Père, et sur cette assurance une souscription s'organisa et fournit en peu de temps plus qu'il n'était nécessaire. Le prélat alors fut sommé de tenir sa parole et de demander l'autorisation au Pape, qui, à la première ouverture, s'écria qu'il regardait comme un devoir de couronner la statue de Notre-Dame-des-Victoires ; qu'il ne pouvait oublier les grâces que, dans son exil, il avait reçues par l'intercession de la sainte Vierge ; que c'était à lui qu'il appartenait d'offrir, au nom de l'Église, ce témoignage de reconnaissance dans un sanctuaire où l'on avait tant prié pour lui. Il ordonna que l'argent fût rendu aux souscripteurs, et chargea Son Eminence le cardinal Antonelli de faire confectionner à ses frais deux magnifiques couronnes.

M. des Genettes ne se doutait pas de la faveur accordée à son église, quand le nonce, Mgr Garibaldi, la lui vint lui-même annoncer.

Le 9 juillet 1853 fut désigné pour la cérémonie. Un délégué du Saint-Père, Mgr Pacca, chanoine du chapitre de Saint-Pierre, et depuis prélat de la maison du Pape, avait apporté de Rome deux couronnes du plus grand prix.

Une assistance choisie remplissait l'église, trop petite pour recevoir les flots de fidèles qui en assiégeaient les abords. C'était une députation de cette brave armée qui venait de remettre Pie IX sur son trône : des soldats des 32e et 36e de ligne, du 13e léger, des chasseurs de Vincennes, soixante officiers généraux et supérieurs des différentes armes, M. Gemeau, gouverneur de Rome, et auprès d'eux le chef auquel ils avaient été fiers d'obéir, M. le général de division Oudinot, duc de Reggio. M. Decaen, maire, et MM. Hébert et Horrer, adjoints de l'arrondissement, MM. les membres du conseil de fabrique, témoignaient, par leur présence, de la part que prenait la population à cette solennité à laquelle étaient accourus plusieurs de MM. les curés de Paris, un grand nombre de prêtres et de religieux, des membres des diverses congrégations des Missions-Étrangères, de Picpus, des Maristes ; les séminaires de Saint-Sulpice, du Saint-Esprit, des Irlandais ; le chapitre de Sainte-Geneviève, les filles de la Charité, les Sœurs des écoles et des malades, etc., y étaient aussi représentés. Enfin, plusieurs évêques : Mgr Pallegoix, évêque de Siam ; Mgr Charbonneau, évêque de Meissour ; Mgr Kobès, évêque de Guinée ; Mgr Bodichon, évêque des îles Marquises ; Mgr Le Herpeur, évêque de Fort-de-France, à la Martinique ; Son Éminence le cardinal Gousset, archevêque de Reims, et Mgr Sibour, archevêque de Paris, assisté des délégués de son chapitre, étaient venus assister à cette nouvelle gloire de la Métropole.

Rome était représentée par Mgr Vecchiotti, chargé d'affaires du Saint-Siége.

Malgré les représentations de M. des Genettes, qui avait désiré qu'on restât dans les limites de la plus grande simplicité, MM. du conseil de fabrique n'avaient voulu rien négliger de ce qui

pouvait rehausser la pompe d'une si belle fête ;
aussi l'église était-elle magnifiquement ornée ; et
en contemplant ces tentures d'or et de soie, ces
nombreux luminaires, cette estrade triomphale
et cette imposante et pieuse assemblée, l'heureux curé ne pouvait s'empêcher de penser aux
jours où il avait vu sa pauvre église si humiliée,
si désolée, si déserte, surtout! Il bénissait Celle
dont la douce miséricorde a rendu la gloire et la
vie à son sanctuaire oublié; il mettait en esprit à
ses pieds ces innombrables pécheurs chez qui,
sous ces voûtes, elle a réveillé le repentir et
l'amour.

Les deux couronnes [1] avaient été placées dans

---

[1] Voici la description des couronnes : Toutes deux sont en or, fermées en forme de couronnes royales. La plus grande, celle de la sainte Vierge, a 21 centimètres de diamètre au bandeau, 34 dans la plus grande largeur et 37 de hauteur, y compris le globe et la croix. Sur le bandeau se détachent douze étoiles d'émail blanc environnées de pierreries et surmontées de douze grandes pierres précieuses; sept têtes d'anges d'un suave caractère supportent les sept arceaux de la couronne; au-dessous, sept écussons en émaux, ornés de pierreries, portent, celui du milieu, les armes du Saint-Père; les deux voisins, les armes du chapitre de Saint-Pierre; les quatre autres, les inscriptions suivantes : *Salve Regina — Honorificentia populi nostri — Ab hoste protege —*

le chœur, devant le siége du délégué du chapitre du Vatican. Mgr Pacca, se levant, lut l'indult par lequel le Souverain-Pontife accordait, à l'occasion de la solennité, l'indulgence plénière pour tous les fidèles qui viendraient, pendant l'octave, recevoir la sainte communion et prier pour les besoins de l'Église à Notre-Dame-des-Victoires ; puis il procéda à la remise solennelle de ces précieux objets, que M. des Genettes reçut, assisté des membres de la fabrique, de concert avec M. le Maire, assisté de ses adjoints ; acte notarié en fut dressé séance tenante. Mgr Pacca se ren-

---

Mortis hora suscipe. Un globe ferme la couronne ; il est ceint d'une bande sur laquelle on lit : *Decreto capituli Vaticani coronata A. D. MDCCCLIII.* Le globe est surmonté d'une croix ornée de onze diamants de la plus belle eau et d'une remarquable grosseur.

La couronne de l'Enfant-Jésus a 18 centimètres de diamètre au bandeau, 27 dans la plus grande largeur, 33 de hauteur. Sur le bandeau brillent douze croix en émail rouge et douze grandes pierres fines environnées de perles; au-dessus du bandeau règne une galerie de belles perles fines. La couronne n'a que six arceaux et six écussons : trois de ces derniers portent les armoiries comme la grande couronne ; les trois autres ont les inscriptions suivantes : *Auctor sœculi — Ortus est sol — Gratia in labiis tuis.* La croix est formée de dix beaux diamants.

dit alors, accompagné du clergé, du conseil de fabrique et des magistrats, à la chapelle de la Sainte-Vierge, et déposa les couronnes aux pieds de la statue.

Mgr l'Archevêque de Paris célébra ensuite pontificalement le saint sacrifice, pendant lequel, après l'Évangile, M. Jammes, chanoine de Notre-Dame, lut en chaire la lettre pastorale par laquelle Mgr l'Archevêque proclamait les indulgences accordées par le Saint-Père, et s'associait, avec tout son clergé, aux joies de ce beau jour.

Après la messe, les évêques se rendirent à une estrade élevée devant l'autel de Saint-Augustin, en face de la statue de la sainte Vierge. Mgr l'Archevêque, suivi de son cortége, prit place au milieu de cette couronne de pontifes. Mgr Pacca traversa les rangs du clergé de la paroisse, rangé au pied de l'autel, fit monter M. des Genettes avec lui sur l'estrade richement ornée, et après avoir prononcé les oraisons du Rituel, plaça successivement les deux diadèmes sur la tête de Marie et du divin Enfant.

Mgr l'Archevêque vint à son tour encenser la statue, et entonna le *Te Deum*.

Telle fut cette fête, dont le souvenir sera toujours cher à l'Archiconfrérie. Dire que l'image de Marie fut, pendant toute la journée, visitée par une foule de pieux fidèles; ajouter qu'un auditoire, aussi nombreux que le comporte l'église, écouta avec recueillement, à vêpres, l'éloquente parole du R. P. Corail[1]; peindre le filial enthousiasme avec lequel les Associés vinrent, le soir, célébrer leur modeste et fervent office, c'est ce que nous n'essaierons point : les expressions nous manqueraient. Plus que jamais, dans ce jour, nous avons reconnu tout ce que Dieu met de tendre piété dans les cœurs de ceux qui viennent à lui par Marie.

Nous venons de mentionner les dépenses que MM. les membres de la fabrique voulurent faire pour contribuer à la solennité de la fête, par une ornementation splendide. C'est que les circonstances avaient bien changé. L'église de Notre-Dame-des-Victoires que M. des Genettes a prise, il y a vingt-huit ans, si pauvre, si dénuée

---

[1] On peut se procurer le sermon du P. Corail à la librairie d'Ambroise Bray, rue des Saints-Pères. Les personnes qui désireraient avoir une relation plus détaillée de la fête la trouveront dans une charmante brochure de M. H. de Riancey, éditée par le même libraire.

9

de ce qu'exige la décence du culte, est aujourd'hui florissante et peut, dans les cérémonies sacrées, déployer la pompe qui convient à la majesté de Dieu. Quant au pasteur, il meurt comme il a voulu vivre, pauvre dans toute la rigueur du terme. Sa bibliothèque et quelques objets de mobilier plus que modestes, voilà ce qu'il laisse après lui. Il m'a fait l'honneur de m'appeler à signer, comme témoin, son testament. J'ai été religieusement ému en écoutant la lecture de cet acte, monument de sa foi, de son humilité et de sa droiture. Je me félicite d'être autorisé à en détacher les principaux passages; ils édifieront, je pense, le lecteur en même temps qu'ils ajouteront de nouveaux traits à cette trop légère esquisse de sa belle vie.

. . . .

« Au nom de la Très-Sainte Trinité, Dieu
« unique, Père, Fils et Saint-Esprit, en pré-
« sence duquel je m'anéantis dans les senti-
« ments de la plus profonde adoration, j'ac-
« cepte la mort en esprit d'obéissance à la vo-
« lonté de mon Souverain Maître, pour satisfaire
« à la justice divine, et en expiation de tous les
« péchés de ma vie; je prie la miséricorde de

« mon Dieu de me faire la grâce de recevoir les
« divins Sacrements à l'heure de ma mort. Je
« veux mourir dans la foi et la communion de
« la sainte Église catholique, apostolique et
« romaine qui m'a glorifié et honoré du titre
« de son ministre, je remets par avance mon
« âme entre les mains de Dieu mon créateur, le
« suppliant, par les mérites du Sang adorable de
« Jésus-Christ, mon Sauveur, par l'intercession de
« la très-glorieuse Vierge Marie, mère immaculée
« de mon Rédempteur, de mes saints patrons, de
« tous les Saints qui règnent avec lui dans le
« ciel, de recevoir ma malheureuse âme avec
« pitié et miséricorde, et de me pardonner tous
« les péchés dont j'ai eu le malheur de me ren-
« dre coupable ; je demande pardon à toutes les
« personnes que je puis avoir, dans le cours de
« ma vie, offensées, scandalisées ou mal édifiées
« de quelque manière que ce soit, et je par-
« donne aussi bien sincèrement et de tout mon
« cœur à tous ceux qui pourraient avoir quel-
« ques reproches à se faire à mon égard....

« Je nomme et institue pour mon légataire
« universel M. Nicolas-Patrice Rivard, mon cher
« et fidèle ami.

« Cette disposition de ma part est tout à la fois
« un acte de justice, d'affection et de reconnais-
« sance ; je m'explique : M. Rivard possédait une
« fortune de vingt-deux mille francs de rentes, il
« en a les titres ; le bouleversement politique de
« mil-huit-cent-trente le porta à déplacer ses ca-
« pitaux ; quand il s'est agit de les replacer, il
« voyageait en Suisse, j'étais à Paris, ses fonds
« me furent adressés, je l'engageais à les placer
« dans l'emprunt portugais de D. Miguel.....
« J'ai été, par le conseil empressé que je lui ai
« donné, la cause occasionnelle de sa ruine, et
« je ne puis le dédommager ! ! !

« J'ai dit que ce legs est aussi un acte de re-
« connaissance : l'éducation de M. Rivard me fut
« confiée au mois d'octobre 1810 (j'étais alors
« supérieur d'un petit séminaire), il avait 16 ans,
« la sagesse de sa conduite, les qualités de son
« esprit et de son cœur me le firent distinguer.
« Reconnaissant des soins que je lui donnais, il
« s'attacha à moi ; il ne m'a pas quitté depuis
« 46 ans, et dans ce long espace il n'a pas cessé
« de m'entourer de tous les soins de l'affection
« la plus vive et la plus constante. Ces détails
« expliquent les motifs qui déterminent ma der-

« nière volonté, et je ne les donne ici que pour
« mes deux neveux, MM ***, mes uniques héri-
« tiers naturels; ne connaissant pas les parti-
« cularités que je leur communique, ils auraient
« pu regarder ma manière d'agir comme une
« marque d'indifférence pour eux. Le soupçon
« de cette pensée m'est pénible; je les aime, ils
« auront une de mes dernières pensées, et si
« Dieu, comme je l'espère de son infinie misé-
« ricorde, me fait grâce dans l'éternité, j'appel-
« lerai sur eux ses divines bénédictions.

« Je distrais du legs universel que je fais à
« M. Rivard, mes chasubles, aubes et autres
« linges et ornements d'église, je les donne et
« lègue à la fabrique de Notre-Dame-des-Vic-
« toires pour le service de l'église, en dédomma-
« gement des torts qu'elle aurait pu éprouver par
« suite de négligence dans le cours de mon ad-
« ministration. »

En relisant ce passage, M. le secrétaire de la
fabrique nous disait : « Quelle humilité et comme
ce saint homme oubliait ses mérites ! lui, avoir
fait du tort à la fabrique ! Non content de lui
abandonner une part considérable de ses droits
curiaux, il la poussait encore à des dépenses aux-

quelles elle se refusait par prudence administrative, et qu'il faisait décider en se chargeant d'y subvenir. »

« Je prie M. Amédée Thayer, sénateur, mon
« cher et tendre ami, de vouloir bien se charger
« des tristes démarches que nécessiteront mes ob-
« sèques ; c'est un acte de charité que je réclame
« de sa bonté, de son affection pour moi, en fa-
« veur de mon pauvre ami Rivard, à qui sa dou-
« leur, sa mauvaise santé ne permettraient pas
« de se livrer à ces tristes soins ; je le prie d'ac-
« cepter, comme gage de mon amitié, le grand
« crucifix d'ivoire qui est sur mon prie-dieu dans
« ma bibliothèque et de le conserver en mémoire
« de moi, je désire que mon inhumation se fasse
« de la manière la plus simple et avec le moins
« de frais possible ; je ne laisse après moi qu'un
« chétif mobilier m'appartenant, car la totalité
« des meubles qui garnissent l'appartement que
« j'occupe, sauf ceux garnissant ma chambre à
« coucher, appartient à la famille Rivard. Quant
« au lieu de ma sépulture, s'il m'est permis d'ex-
« primer un vœu, je désire être enterré dans l'é-
« glise de Notre-Dame-des-Victoires, au pied de
« l'autel de la sainte Vierge, sous les yeux de

« celle qui m'a béni pendant toute ma vie et que
« je me reproche de n'avoir pas assez aimée,
« assez honorée; je désire que mon cœur soit
« extrait après ma mort, enfermé dans une boîte
« de plomb et déposé dans la chapelle de la
« maison de la Providence, rue Oudinot, n° 5,
« afin qu'on y prie pour le repos de mon âme;
« je prie mon ami le docteur J. P. Tessier de
« faire cette opération. Je désire encore que mon
« calice et mes burettes soient vendus, que le
« prix soit employé à faire acquitter des messes,
« savoir: trente pour le repos des âmes de mon
« père, de ma mère, de ma sœur et de mes
« deux frères; le reste sera employé à des messes
« pour le repos de ma pauvre âme qui a tant
« besoin de recourir à la miséricorde divine.

« Je veux que cet acte de mes dernières vo-
« lontés contienne l'expression de mes senti-
« ments pour MM. mes vicaires et autres prêtres
« attachés à ma paroisse; je les remercie des
« soins affectueux dont ils m'ont entouré, des
« services qu'ils m'ont rendus dans l'exercice de
« mon ministère, et je prie Dieu de les en ré-
« compenser, je me recommande instamment à
« leur pieux souvenir, qu'ils prient beaucoup

« pour moi au saint autel, car j'ai un immense
« besoin de la divine Miséricorde.

« J'ai encore une dette de reconnaissance à
« acquitter, je prie MM. les membres du conseil
« de fabrique de ma paroisse de vouloir bien
« recevoir et agréer mes sincères remerciements
« du concours et de l'aide qu'ils m'ont constam-
« ment donné dans mon administration; j'appelle
« sur eux et sur leurs familles les bénédictions
« divines. Je veux demander encore une fois
« pardon à tous ceux que je puis avoir offensés,
« scandalisés ou mal édifiés pendant le cours de
« ma vie. Je ne me rappelle pas avoir fait mé-
« chamment ou à dessein du mal à qui que ce
« soit, mais les défauts de mon caractère ont,
« sans doute, blessé bien des fois quelques per-
« sonnes. Pour moi, je n'ai rien à pardonner.

« A présent, mon Dieu, mon sauveur et mon
« juge, prosterné à vos pieds, j'attends le moment
« si redoutable où votre adorable volonté me
« citera au tribunal de sa justice. Dieu très-clé-
« ment, très-miséricordieux, épargnez votre pau-
« vre et indigne serviteur; je le confesse à la face
« du ciel et de la terre, la voix de mes péchés
« dépose hautement contre moi; je les déplore,

« je les déteste et je vous en demande pardon du
« plus profond de mon cœur.

« C'est contre vous seul que j'ai péché, j'ai
« commis le mal en votre présence; pardonnez-
« moi, afin que vous soyez reconnu fidèle dans
« vos promesses et irréprochable en vos juge-
« ments : Jésus plein de tendresse pour les
« hommes, souvenez-vous que c'est pour moi que
« vous êtes descendu du ciel sur la terre, ne me
« condamnez-pas en ce jour terrible; vous avez
« bien voulu vous lasser en me cherchant et vous
« avez souffert la mort de la croix pour me ra-
« cheter, que je ne perde pas le fruit de si grands
« travaux. Seigneur, je remets mon âme entre
« vos mains, j'ai espéré en vous, je ne serai pas
« confondu dans l'éternité. »

Il est mort dépouillé de tout sur la terre, mais que de trésors son inépuisable charité n'a-t-elle pas amassés dans le ciel !

Nous croyions, en le voyant tester, que ce n'était qu'une simple mesure de prudence; il nous semblait que malgré son âge avancé, nous pouvions espérer de le posséder encore quelques années ; il jugeait son état mieux que nous.

Après quelques mois, il sentit ses forces diminuer; pendant l'hiver qui suivit, une affection catarrhale vint l'affaiblir encore; peu à peu il en vint à ne plus pouvoir monter ni descendre seul les quatre étages qui conduisaient à son appartement. L'ouïe devenait moins sensible, l'estomac plus capricieux; une somnolence inquiétante l'accablait après ses repas. Tout faisait prévoir une catastrophe. Il conservait cependant toute la lucidité de sa pensée et toute la force de sa volonté; jusqu'aux dernières semaines il a fait lui-même le dépouillement de sa correspondance. Dieu permit qu'à ses défaillances physiques vinssent s'ajouter des peines morales qu'il a souffertes avec une admirable résignation.

Le moment vint où ses jambes refusèrent de le soutenir; il fallut le porter à l'église; c'est le Jeudi-Saint de l'année 1859, que malgré sa répugnance, il dut s'y soumettre et renoncer à marcher désormais, sinon pour se traîner paisiblement d'une pièce à l'autre dans son appartement.

Pendant l'hiver 1859-1860, la consolation d'aller à l'église lui fut même refusée; on disait la sainte messe dans son appartement.

Rien ne présageait pourtant une fin prochaine,

quand le mercredi après Pâques il ressentit les premières atteintes d'une indisposition qui abattit considérablement ses forces.

Malgré sa souffrance, il voulut présider la réunion du bureau des marguilliers de sa paroisse; il s'occupa de tous les détails d'administration avec le même intérêt et la même lucidité que par le passé. Le 17 avril, étant alité, il ne put présider le conseil de fabrique; mais après la séance, il fit appeler le secrétaire, M. de Benque, à la bienveillance de qui nous devons ces détails, se fit rendre compte et donna ses avis avec une sagesse et une présence d'esprit étonnantes.

Tous ceux qui l'ont approché pendant ces derniers jours ont été frappés de la sérénité qui ne l'a pas abandonné un instant. Il était dans un grand calme, sans souffrance; il éprouvait seulement de la difficulté à parler, et nous ne pouvions saisir qu'avec peine ce qu'il voulait dire. Cet état continua sans changement sensible jusqu'au lundi 23 avril. Le vendredi précédent il avait reçu l'Extrême-Onction des mains du R. P. Soimier, et M. Buquet, archidiacre de Paris, était venu lui donner le saint Viatique.

Le samedi, il dicta la liste des recommandations à faire le lendemain à la réunion de l'archiconfrérie, et n'oublia pas un mariage pour lequel, quelques jours auparavant, on lui avait demandé les prières des associés.

M. l'abbé Desfossés, chargé de le suppléer à l'office de l'Archiconfrérie, étant venu selon l'usage lui demander ses instructions, ajoutait après les avoir reçues :

— Vous aimez bien la sainte Vierge, n'est-ce pas, M. le Curé? » Il répondit : « A juste titre. »

— Vous avez beaucoup fait pour elle ?

— Non, non; pas tout ce que j'aurais dû.

— Que dirai-je ce soir de votre part ?

— Tout ce qui peut édifier ; c'est un père qui fait ses adieux à ses enfants.

— Voulez-vous, M. le Curé, que je dise de votre part que vous pardonnez à tous ceux qui vous ont fait de la peine ?

M. des Genettes se recueillit un moment, puis répondit :

— Ce n'est pas nécessaire; on croirait que j'ai eu de la rancune, je ne connais personne qui m'ait fait du mal.

Le dimanche, M. le docteur Tessier lui disant

qu'il ne le trouvait pas bien, il se mit à sourire et répondit : « Eh! mon ami, tant va la cruche à l'eau, qu'à la fin elle se casse. »

Le lundi, un ancien serviteur, qu'il avait fait entrer comme garçon de bureau à la Banque, était venu comme tous les soirs depuis qu'il était alité pour aider à le transporter d'un lit sur un autre : «Voilà, dit le curé, le dernier service que vous me rendez. » Et comme cette parole paraissait l'avoir affligé, « allons, embrassez-moi, » ajouta-t-il. Julien se pencha respectueusement, effleura la joue de ses lèvres et se releva : « Eh bien! eh bien... est-ce ainsi qu'on embrasse quand on aime? embrassez-moi sur les deux joues! »

L'avant-veille de sa mort, on vint demander son autorisation pour faire célébrer un mariage dans son église par un prêtre étranger. Fidèle à ses obligations jusqu'au dernier moment, il n'accorda la permission qu'après s'être fait donner les renseignements nécessaires sur le prêtre qu'on lui proposait.

Le même jour, M. de Benque lui présenta une relique de saint Charles Borromée, son patron, en disant que c'est un grand saint et qui a rendu d'immenses services à l'Église. « Oh, oui, répondit le curé, nous aurions bien besoin aujourd'hui d'avoir trois ou quatre saint Charles. »

Il recommandait à une personne de prier pour lui : « mais, ajoutait-il, que ce ne soit pas humainement. Demandez à Dieu qu'il me fasse beaucoup souffrir afin de me purifier avant ma mort. — Vous voulez donc entrer tout droit au ciel, M. le Curé ? mais cela vous arrivera certainement. — Ah ! mon ami, répondit-il avec un accent de profonde humilité, non, cela ne m'arrivera pas. Je n'en suis pas digne, je ne pourrai pas éviter le purgatoire. »

La nouvelle du danger où il se trouvait s'était répandue dans Paris, et sa demeure fut assiégée par une foule de personnes, prêtres, religieux, laïques, qui venaient lui dire un dernier adieu, lui demander une dernière bénédiction. Il témoignait par ses gestes qu'il reconnaissait ceux qui s'approchaient de son lit, et sa main se levait pour bénir.

Quatre heures avant sa mort, il bénissait encore dans la personne de l'aumônier de la chapelle de Touvent, près Châteauroux, l'Archiconfrérie établie depuis deux ans dans ce sanctuaire, par l'initiative des pieux propriétaires M. et Mme Thayer. Il s'était vivement intéressé à cette fondation, avait regretté que sa santé ne lui permît pas d'aller la visiter, en suivait avec joie les progrès et était toujours heureux d'apprendre les grâces qui y avaient été obtenues. Elle a eu une de ses dernières pensées.

Son Éminence Mgr le cardinal-archevêque de Paris a bien voulu visiter le mourant trois fois dans le court intervalle de sa maladie.

Le samedi 21, ils purent échanger quelques paroles. Le lendemain dimanche, Son Éminence présidait la réunion générale des Conférences de Saint-Vincent-de-Paul, et dans son allocution il parla de la maladie et de la mort prochaine de M. des Genettes dans des termes qui témoignaient de toute l'estime que le premier pasteur professait pour le doyen de ses coopérateurs; il invita l'assemblée à prier pour lui.

Le lundi 23, le mal avait fait des progrès, la parole était devenue presque impossible. S. Éminence vint vers cinq heures du soir et adressa au malade quelques mots empreints de la plus affectueuse bonté. Il lui dit qu'il l'avait recommandé la veille aux prières des conférences; il le félicita de terminer avec tant de sérénité et avec un esprit si libre une aussi belle carrière ; il lui suggéra quelques aspirations pieuses : *O clemens, o pia, o dulcis, Virgo Maria!* Il l'assura qu'il venait le voir par sentiment d'affection autant que comme premier pasteur; enfin il lui donna sa bénédiction, « comme toujours de tout cœur ». Le lendemain au soir, le charitable pontife vint encore près du lit du malade, qu'il trouva en pleine connaissance mais incapable de parler. Il resta quelques instants seul avec lui et se retira après l'avoir béni de nouveau. L'état de M. des Genettes, qui depuis le matin devenait de moment en moment plus alarmant, continuait à s'agraver et bientôt la mort parut prochaine. Dans cet instant suprême, il fut assisté par deux des prêtres de la paroisse, MM. Herpin et Desfossés, qui récitèrent auprès de lui les prières des agonisants. La respiration s'affaiblit insensiblement; sans souffrance, sans effort, à deux heures moins un quart du matin, le vénérable prêtre alla se réunir à son Dieu qu'il avait si constamment aimé et servi pendant quatre-vingt-deux ans.

Son noble et beau visage n'était nullement défiguré; il avait l'expression d'une paix profonde et plusieurs heures après sa mort on eût dit qu'il dormait d'un sommeil tranquile.

Il était, un des premiers, entré dans le tiers-ordre de saint Dominique; ses frères d'adoption lui payèrent le tribut d'une charitable et religieuse affection en révêtant son corps de ses habits sacerdotaux et en l'assistant de leurs suffrages jusqu'à l'heure de ses obsèques. Les RR. PP. Dominicains se relayaient auprès de son lit et dans la chapelle ardente, où MM. les prêtres de la paroisse partagèrent avec eux ce pieux office. La nuit, les frères du tiers-ordre veillaient en priant auprès de son corps.

Dès qu'il eut été embaumé par les soins de M. le docteur Tessier, son ancien ami, dont l'habile direction avait depuis plusieurs années conservé le ressort à cette constitution vigoureuse mais épuisée par les fatigues, il fut transporté dans la chapelle ardente élevée aux frais de la fabrique, qui a voulu se charger de rendre les derniers devoirs à son pasteur regretté.

Son cœur, selon le désir qu'il en a exprimé, repose dans la chapelle de la *Providence*, comme un perpétuel témoignage de son affection pour cette maison dont il était le père. Son corps est dans un caveau situé devant l'autel de l'Archiconfrérie, à l'endroit où il reçut l'inspiration de consacrer sa paroisse au très-saint cœur de Marie.

Il avait plusieurs fois exprimé ce désir qu'il a formulé dans son testament et qu'il nourrissait, comme il disait lui-même, *avec une préoccupation d'enfant*. Pendant une des rares et courtes absences que nécessitait dans les dernières années, l'état de sa santé, on fit creuser un caveau à l'entrée de la chapelle de Marie; on poussa les travaux avec activité, mais pas assez pour qu'ils fussent terminés avant son retour. Il trouve donc une fosse ouverte, des maçonneries commencées; il s'en étonne; il n'avait rien commandé et ne permettait pas qu'on agît sans ses ordres. Il fallut bien lui avouer dans quel but cela s'était fait; mais c'était ajouter à son mécontentement: bouleverser le pavé de son église! et uniquement pour lui! cette idée lui était insupportable, et ceux qui devaient répondre à ses questions purent s'en apercevoir. Cependant on lui fit timidement observer que le mal était fait, qu'il valait encore mieux achever que détruire ce qui était commencé, il s'apaisa et le caveau se trouva préparé.

Quand sa situation ne laissa plus d'espoir, le conseil de fabrique, voulant déférer au vœu du curé, signa dans ce but une demande à l'Empereur, rédigée par M. le comte de Germiny, gouverneur de la Banque, qui, le 26 au matin, la porta chez M. le ministre des cultes. Quoique malade, M. le ministre promit avec une obligeance extrême de se rendre le jour même auprès de l'Empereur, et le soir M. de Germiny recevait copie de la décision impériale.

Elle parut le lendemain au *Moniteur* et nous l'insérons ici parce que, reproduisant à peu près les termes de la demande, elle fait connnaître les sentiments dont MM. les membres du conseil de fabrique étaient animés :

Sire,

La paroisse de Notre-Dame-des-Victoires vient de perdre son vénérable curé, M. Dufriche des Genettes. Les membres du conseil de fabrique, le clergé et les fidèles de la paroisse sollicitent instamment de Votre Majesté l'autorisation d'inhumer leur pasteur au pied de l'autel où il a prié pendant trente années, et S. Ém. le cardinal-archevêque de Paris s'est associé avec empressement à ce vœu. Les vertus du saint curé, les pieuses fondations qui ont fait de son église, jadis si délaissée, l'un des plus illustres sanctuaires de la chrétienté, me paraissent justifier une mesure exceptionnelle. J'ai l'honneur de proposer à Votre Majesté de vouloir bien autoriser, par faveur spéciale, l'inhumation du corps de M. Dufriche des Genettes dans l'église Notre-Dame des Victoires.

Je suis avec un profond respect,
   Sire,
  De Votre Majesté
   Le très-humble, très-obéissant et très-fidèle serviteur,

Le ministre secrétaire d'État au département de l'instruction publique et des cultes,

Approuvé: Rouland.
Le 26 avril 1860.
NAPOLÉON.

Pendant les trois jours que dura l'exposition

du corps, de nombreux fidèles de toutes les classes de la société vinrent le visiter et lui faire toucher des chapelets et des médailles ; le dimanche surtout, l'affluence fut telle que pendant toute la journée il fallait, avant de pouvoir entrer, stationner sur la place de l'église.

Le matin du 30 avril, le corps, revêtu des habits sacerdotaux et enveloppé de la robe blanche et du manteau noir des Dominicains, fut mis dans un cercueil de plomb. Sous sa tête on déposa le *Manuel* dont la lecture a rappelé tant d'âmes à Dieu ; à ses pieds, une boîte de ferblanc renfermant une déclaration signée par MM. le docteur Tessier, le sous-directeur de l'Archiconfrérie, trois vicaires de la paroisse et deux membres de la fabrique, constatant que le corps enfermé dans ce cercueil est bien celui de M. Dufriche des Genettes, curé de Notre-Dame-des-Victoires.

La messe des funérailles fut chantée par M. Buquet, vicaire-général, archidiacre du diocèse. S. Ém. Mgr le cardinal archevêque de Paris fit l'absoute. Pendant la cérémonie l'église était remplie, et on a pu remarquer le recueillement des assistants, chez qui, au lieu de la curiosité quelquefois turbulente trop commune dans ces sortes de solennités, tout dénotait un sentiment de religieuse vénération.

S. Exc. Mgr le nonce apostolique, Mgr l'évêque d'Autun, un grand nombre de curés de Paris, les supérieurs ou des membres des ordres et des communautés religieuses, MM. le maire et le premier adjoint de l'arrondissement, le comte de Germiny, le baron Ernest Leroy, le sénateur Thayer, le général de la Rochejaquelein, le comte de Montalembert, Louis Veuillot, Claudius Lavergne, le comte de Brissac, le comte de Montrichard, et une foule d'autres amis de M. des Genettes témoignaient par leur présence de la haute estime que ce prêtre modeste a inspirée à tous ceux qui le connaissaient.

Quant le cercueil fut descendu dans le caveau, S. Ém. le cardinal Morlot prit la parole et fit l'éloge du vénérable défunt dans une chaleureuse allocution, qui, recueillie avec soin, a été publiée par les journaux. Nous en reproduisons ici le texte.

« Au moment où la tombe va se fermer sur la dépouille mortelle du fidèle et vénéré serviteur de Marie, disons encore une fois, mes frères avec la sainte Église, et dans des sentiments de consolation et même de joie : Oui, la mémoire du juste ne périra pas, elle vivra éternellement. Certes, si jamais semblable parole a trouvé une juste application, c'est bien en ce moment, dans ce jour de deuil où nous rendons les derniers devoirs à celui qui depuis si longtemps gouverne cette paroisse, à celui que vous connaissez tous si bien, et dont le nom a retenti jusqu'aux extrémités de la terre ; à celui que nous aimions à environner de notre affection pastorale, dont il était si digne, que nous avons vu dépérir dans ces derniers temps avec peine, inquiétude et alarme, mais qui cependant devait quitter ce monde, parce que la mesure des travaux et de la piété était comble, parce qu'il était temps qu'il fût récompensé après de si longues années d'application, de zèle et de dévouement infatigable pour l'œuvre qui l'absorbait tout entier.

« Maintenant il est ou il sera bientôt en possession de la récompense réservée à ses travaux. Nous aimons à le penser, et si nous avons prié pour lui, tous ensemble, avec un cœur profondément ému, avec les vœux les plus ardents pour son bonheur éternel, c'est dans cette confiance que les quelques taches, les souillures inséparables de la fragilité et de la misère humaines, seraient bientôt effacées, et qu'il entrerait bientôt dans le lieu du rafraîchissement, de la lumière et de la paix. Consolons-nous, mes frères, dans ces pensées qui sont si puissantes, si efficaces sur le cœur des fidèles enfants de la sainte Église et des vrais serviteurs de Marie, comme vous l'êtes tous. Mais promettons-nous bien, au bord de cette tombe, près des restes vénérés de celui que nous regrettons et que nous pleurons, d'honorer comme il convient cette belle mémoire, et de ne pas laisser déchoir en nous les principes de foi, de piété, de ferveur, de zèle, de dévouement et de bien qu'il a contribué à répandre dans un si grand nombre d'âmes, et qu'il s'est efforcé de cultiver et d'entretenir sous la protection de la très-sainte Vierge, avec l'assistance de celle qui est notre mère à tous.

« Disons-nous bien que cette protection et cette assistance de la très-sainte Vierge, toujours si nécessaires et si opportunes, sont encore plus nécessaires et plus indispensables au temps où nous vivons; et puisque le bon pasteur n'a rien négligé pour que ce grand diocèse fût spécialement gardé par Marie, puisque, dans son zèle si ardent, dans sa charité si vive, il a procuré autant qu'il a pu, et par des moyens vraiment admirables que son âme lui a suggérés, la gloire de la très-sainte Vierge, de telle sorte que ses espérances premières et ses saints désirs ont été infiniment dépassés, cherchons à marcher sur ses traces; ne négligeons rien pour faire, à son exemple, tout ce qu'il sera possible pour seconder une œuvre si efficace et si précieuse, afin de rendre gloire à Dieu et d'étendre autant qu'il sera en nous la gloire de Marie, notre mère qui nous aime tant, bien convaincus que tant qu'elle sera la gardienne du diocèse et la gardienne vigilante de la sainte Église, tant que son nom sera vénéré, quel que soit le lieu où nous soyons, d'un bout du monde à l'autre, nous aurons tout à espérer, nous n'aurons rien à craindre de tous les événements qui surviendront, de toutes les épreuves particulières, publiques et générales par lesquelles il faudrait passer. La gloire de Dieu rejaillira toujours. Ainsi les maux de l'Église, les difficultés de tous ceux qui ont le sentiment vraiment chrétien, réclament l'attention et le dévouement de tous pour combattre comme il convient les combats du Seigneur, pour être fidèles au temps de la lutte et de l'épreuve, pour ne manquer à aucun engagement, à aucun devoir, ainsi que celui pour lequel nous prions en ce moment, afin que Dieu nous trouve bons et fidèles serviteurs, dévoués dans les plus petites choses comme dans les plus grandes, n'ayant rien omis de ce que nous devons faire pour accomplir sa volonté sur la terre et pour être au nombre de ceux qui auront part aux éternelles récompenses. Ainsi soit-il! »

L'impression produite par sa mort est profonde dans le peuple; on en pourra juger par ce fragment de lettre que nous recevions le 1er mai :

« Comme membre de la Conférence de Saint-
« Vincent-de-Paul, je visite plusieurs familles :
« il n'en est pas une qui ne pleure sa perte; il
« faisait du bien à tous; sa louange est dans
« toutes les bouches..... Notre quartier, témoin
« de son immense charité retentit de mille re-
« grets et d'actions de grâces pour tout le bien
« qu'il a fait. »

Voilà la plus belle oraison funèbre du prêtre.

Résumons : M. Dufriche des Genettes avait quelques imperfections, nous ne les avons pas dissimulées dans ce récit; mais sa foi vive, l'intégrité de ses mœurs poussée jusqu'à l'austérité, son désintéressement absolu, son dédain pour toute mondanité, son zèle ardent pour la gloire de Dieu et le salut des âmes, sa tendre et active dévotion pour la sainte Vierge, sa fermeté d'esprit, sa science ecclésiastique, sa charité immense, inépuisable, ont fait de lui l'un des prêtres les plus dignes de continuer sur la terre le sacerdoce de Jésus-Christ.

Tel est le jugement que nous commandent trente-deux années passées dans son intimité. J'hésiterais peut-être à l'exprimer si hautement et je me méfierais de ma tendre affection pour ce saint homme, s'il n'avait été jugé de même par tant de grands esprits et de nobles cœurs qui l'ont aimé pendant sa vie, et gardent sa mémoire avec vénération. Voyons maintenant ce qu'il pensait de lui-même : il parle de l'instrument choisi pour fonder l'œuvre de l'Achiconfrérie[1] :

« C'est un pauvre prêtre obscur, ignoré, dont
« l'esprit est abattu par la tristesse et le cœur

[1] *Manuel de l'Archiconfrérie*, p. 86.

« flétri par la douleur. Il sait que personne ne
« peut le consoler, aussi l'autel est le seul té-
« moin de ses larmes, et le tabernacle seul en-
« tend ses gémissements; il n'a point de talents,
« il ne doit qu'à son titre de pasteur la patience
« et la complaisance avec laquelle on l'écoute
« quand il parle. Partout ailleurs il compro-
« mettrait la dignité du ministère évangélique,
« et ne serait pas supportable. Son caractère a
« des défauts qui doivent nuire à l'œuvre. La
« voix publique l'accuse, et il faut qu'il en soit
« quelque chose, d'être brusque, impatient et
« bizarre. Que d'obstacles au but qu'il doit at-
« teindre! Dans son corps, où il est destiné à
« rencontrer des contradictions, son influence
« est nulle; on le compte pour rien..... Ah!
« disons : Le doigt de Dieu est ici, c'est le Sei-
« gneur qui a fait cette merveille; il a choisi
« pour instrument ce qu'il y a de moins sage,
« ce qu'il y a de plus faible, de plus vil, de plus
« méprisable, ce qui n'est rien, afin que l'opé-
« ration divine éclate, et que personne ne s'at-
« tribue une gloire qui n'appartient qu'à Dieu. »

Voilà bien l'homme choisi par Dieu pour opérer de grandes choses! Il ne voit que ses misères et méconnaît toutes ses hautes qualités.

Sa mission est achevée ici-bas; il a vaillamment combattu les combats du Seigneur. Nous avons la confiance qu'il a reçu la couronne dans le ciel où l'appelaient tant d'âmes que son zèle avait conduites au repentir, à la pénitence et à la gloire, et que, dans son bonheur, il continue à prier pour ceux dont le salut était l'unique préoccupation de sa vie.

Si nos chers Associés de l'Archiconfrérie, à qui nous dédions ces pages, y ont rencontré quelque édification, qu'ils veuillent bien accorder le secours de leurs prières à celui qui les a tracées.

Laus Deo et Immaculatæ Virgini.

TABLE

Chap. I. 11
— II. Sa jeunesse. 26
— III. Il entre au séminaire. 46
— IV. Il est élevé au sacerdoce. 51
— V. Il se livre à l'éducation de la jeunesse. 64
— VI. Son séjour à Argentan. 72
— VII. Il est nommé curé. 98
— VIII. Il vient à Paris. 112
— IX. Son départ pour la Suisse. 152
— X. Il est nommé à la cure de Notre-Dame-des-Victoires. 159
— XI. Ses dernières années. 189

LIBRAIRIE D'AMBROISE BRAY, éditeur.
66, rue des Saints-Pères.

LES PÈRES APOSTOLIQUES ET LEUR ÉPOQUE. Cours d'éloquence sacrée fait à la Sorbonne (1857-1858), par M. l'abbé Freppel, professeur à la Faculté de théologie de Paris. 1 fort vol. in-8 sur papier glacé.   6 fr.

M. Albert de Broglie signale les *Pères apostoliques* « comme une publication très-intéressante, un ouvrage remarquable par une érudition pleine de clarté et d'un rare talent d'exposition. » (*Correspondant*.)

La *Bibliographie catholique* résume ainsi son jugement sur cet ouvrage : « Ces leçons, fortement pensées, sagement distribuées, solidement écrites, plairont aux esprits réfléchis et sérieux, aux âmes chrétiennes, qui aiment à s'environner de tout ce qui peut éclairer, élever, fortifier et consoler leur foi. »

LES APOLOGISTES CHRÉTIENS AU IIe SIÈCLE *Saint Justin* (Cours de la Sorbonne, 1858-1859), par M. l'abbé Freppel. 1 beau vol. in-8.   6 fr.

Cet ouvrage offre le même intérêt et les mêmes qualités que l'on trouve dans les *Pères apostoliques*, dont il est la suite.

LES CÉSARS, histoire des Césars jusqu'à Néron et Tableau du Monde romain sous les premiers Empereurs, par M. le comte Franz de Champagny. 3e édit., revue et augmentée. 3 beaux vol. in-8.   18 fr.
— Le même ouvrage. 3 vol. in-18 anglais.   10 fr. 50

Mgr Pie, évêque de Poitiers, citant un passage des *Césars*, dans son instruction sur les erreurs du temps présent, signale l'auteur comme l'un des penseurs et des historiens les plus remarquables de notre temps.

Dans *Rome chrétienne*, M. de la Gournerie s'exprime ainsi : « L'auteur des *Césars* nous présente avec une éloquente et inépuisable érudition le tableau vivant de la Rome des empereurs, de cette ville, l'abrégé de toute superstition, où l'inhumanité et la corruption étaient au fond de tout. »

SAINT THOMAS BECKET, archevêque de Cantorbéry et martyr; *sa Vie et ses Lettres*, d'après le docteur Gilles; précédées d'une introduction de 250 pages sur les principes engagés dans la lutte entre les deux pouvoirs, par Mgr Darboy, évêque de Nancy. 2 vol. in-8.   12 fr.
— Le même ouvrage. 2e édition. 2 vol. in-18 anglais.   7 fr.

« ... La *Vie du Saint*, composée en grande partie d'extraits, de chroniques et de lettres du martyr, offre un grand intérêt : l'intérêt de la couleur locale, l'intérêt qui s'attache aux dépositions de témoins racontant avec émotion et pittoresque ce qu'ils ont vu et entendu...

« L'*Introduction* (elle contient 250 pages) vaut tout un livre. La science, la raison, l'éloquence même s'y sont donné rendez-vous pour en faire un vrai chef-d'œuvre. Les conclusions du morceau, nous dirions le morceau lui-même, si nous ne craignions de blesser la modestie de l'auteur, seraient signées à la fois par Bossuet et par le comte de Maistre. »   L'abbé M. Maynard.
(Extrait de la *Bibliographie catholique*.)

ROME CHRÉTIENNE, ou Tableau historique des Souvenirs et

des Monuments de Rome, par M. Eugène DE LA GOURNERIE. 2ᵉ édit., considérablement augmentée et revue avec le plus grand soin. 2 forts vol. in-8. 12 fr.
— Le même ouvrage. 2 forts vol. in-18 anglais. 7 fr.

Mgr l'Evêque de Nantes, dans son approbation de *Rome chrétienne*, s'exprime ainsi : « Nous y avons trouvé, avec une doctrine toujours saine et un grand amour de l'Eglise, une érudition sagement contenue, une appréciation exacte des faits, des personnes et des choses, un style pur et simple qui rappelle les beaux temps de notre littérature française... »

Cet ouvrage, qui offre autant d'attrait que d'intérêt, est l'exposé rapide, fidèle, de tout ce que les faits, les arts, la littérature ont opéré à Rome et dans l'Italie, sous l'influence du christianisme, durant dix-huit siècles.

ŒUVRES COMPLÈTES DU CARDINAL B. PACCA, contenant deux parties entièrement inédites ajoutées aux premiers Mémoires sur le pontificat de Pie VII, les Mémoires sur les Nonciatures, le Rapport sur l'introduction du Protestantisme dans les provinces rhénanes, etc., traduites par M. QUEYRAS. 2 forts vol. in-8, ornés des portraits de Pie VII et du cardinal Pacca, gravés sur acier. 10 fr.

Tout le monde est d'accord sur l'importance et le mérite des écrits du cardinal Pacca. La *Bibliographie catholique* les regarde comme indispensables à ceux qui veulent étudier l'histoire des temps modernes; l'*Ami de la Religion* les range parmi le petit nombre d'ouvrages qui, par leur valeur intrinsèque et le charme de leur lecture, passeront à la postérité.

LES ORIGINES DE LA SOCIÉTÉ MODERNE, ou histoire des quatre premiers siècles du Moyen-Age, par A.-M. POINSIGNON, ancien professeur d'histoire, docteur ès-lettres. 2 forts vol. in-8, sur papier collé. 12 fr.

Cet ouvrage présente, dans un ordre méthodique qui permet de suivre avec facilité la trame ordinairement si confuse des événements, tout ce qu'on a pu dire de mieux sur les quatre premiers siècles du moyen âge, et joint au mérite d'un exposé rapide et lumineux, celui d'être complet. L'auteur met en relief l'un des éléments de la société le plus négligé, et s'attache à faire ressortir l'influence du clergé sur les progrès de la civilisation.

S. Em. le cardinal Gousset fait la plus grande estime de ce travail consciencieux.

TABLEAU DES INSTITUTIONS ET DES MŒURS DE L'ÉGLISE AU MOYEN-AGE, par F. HURTER; traduit de l'allemand par J. COHEN; publié, précédé d'une introduction et augmenté de notes, par A. DE SAINT-CHÉRON. 3 forts vol. in-8. 21 fr.

Cet ouvrage, qui manquait dans notre littérature catholique, est le plus beau monument élevé à la gloire et à la défense des institutions de l'Eglise. La papauté, les cardinaux, les légats, les évêques, tout le clergé de second ordre, les ordres monastiques, sont présentés dans leur constitution intérieure et extérieure, dans leurs rapports avec la vie civile et politique.

VIE DE SAINT PHILIPPE DE NÉRI ET DES PREMIERS ORATORIENS, suivie d'un appendice sur les Oratoires de France et d'Angleterre, et des Maximes et Sentences du Saint pour chaque jour de l'année, par M. l'abbé BAYLE, auteur de la *Vie de saint Vincent Ferrier*. 1 fort vol. in-8. 6 fr.

L'hagiographie française manquait d'une vie détaillée de saint Philippe de Néri, l'apôtre de Rome au seizième siècle et le fondateur de l'Oratoire; M. l'abbé Bayle, docteur en théologie, vient de nous la donner. Saint Philippe fut un des instruments dont la Providence se servit pour dissiper les ténèbres que cherchait à répandre une fausse réforme. Il eut aussi pour mission particulière de renouveler l'esprit de piété dans la ville éternelle. Ses prédications, sa charité envers les pauvres et les malades, la douce influence de ses aimables vertus, portèrent un grand nombre d'âmes à la pratique de la perfection chrétienne. Aussi sa mémoire est-elle restée populaire à Rome, où sa fête est célébrée avec pompe par toutes les classes de la société. Cette vie est écrite avec cette élégance et cette pureté de style, cette onction douce et pénétrante qui distinguent l'auteur de la *Vie de saint Vincent Ferrier* et l'*Etude sur Prudence*.

ÉTUDE SUR PRUDENCE, suivie du Cathémérinon, traduit et annoté par M. l'abbé A. BAYLE. 1 beau vol. in-8. 5 fr.

Prudence, que M. Villemain appelle, dans ses *Essais sur la Poésie lyrique*, un poète harmonieux et pur, est peu connu, même des littérateurs chrétiens. M. l'abbé Bayle, docteur en théologie, a entrepris, dans une étude vraiment remarquable, de nous révéler en quelque sorte le poète inspiré et le profond théologien.

VIE DE N.-S. JÉSUS-CHRIST, écrite par C. BRENTANO, d'après les visions d'Anne-Catherine EMMERICH; traduite par M. l'abbé DE CAZALÈS. Tomes I et II, in-18 anglais. 5 fr.
Les tomes suivants ne tarderont pas à paraître.

Mgr l'Evêque de Limbourg a approuvé cet ouvrage, « qui ne contient rien en contradiction avec le dogme ou la morale catholique, et qui paraît tout à fait propre à accroître dans l'âme des pieux fidèles la connaissance et l'amour de notre divin Rédempteur. »

La Vie de N.-S. J.-C. a la même origine que la *Douloureuse Passion*, et la *Vie de la sainte Vierge*, dont elle est le complément et le lien. Dans une savante introduction, l'éditeur allemand a exposé aussi clairement et aussi complètement que possible, les règles adoptées dans l'Eglise catholique, en ce qui touche les visions et les révélations privées, et où l'application de ces règles aux écrits dictés par la sœur Emmerich, amène une foule d'éclaircissements du plus haut intérêt sur la vie de la pieuse extatique et sur ses rapports avec Clément Brentano.

LA DOULOUREUSE PASSION DE N.-S. JÉSUS-CHRIST. 14e édition. 1 vol. in-18 anglais. 2 fr. 50

VIE DE LA SAINTE VIERGE. 4e édit. 1 vol. in-18 angl. 2 fr. 50

La traduction de ces trois ouvrages, faite par M. l'abbé de Cazalès, se distingue par la fidélité et l'élégante simplicité du style.

CONFÉRENCES SPIRITUELLES, par le R. P. FABER, docteur en théologie, supérieur de l'Oratoire de Londres. 1 fort vol. grand in-18 anglais. 3 fr. 50

Dans ce livre, qui traite des questions pratiques de la vie spirituelle, l'esprit d'observation, l'originalité et la verve de l'auteur de *Tout pour Jésus*, se font remarquer plus que dans aucun autre de ses ouvrages.

Jamais il n'a pénétré à cette profondeur les plis et les replis de la conscience, qui souvent s'ignore, s'abuse ou s'égare, faute de réflexion, de lumière ou de bonne direction.

DU MÊME AUTEUR : *Le Pied de la Croix*, ou les Douleurs de Marie. 2 vol. in-12, 5 fr., ou 1 fort vol. in-12, 3 fr. 50. — *Tout pour Jésus*, ou Voies faciles de l'Amour divin. 1 vol. in-12, 3 fr. — Abrégé, 1 vol. in-18, 1 fr. 60. — *Le Saint-Sacrement*, suite à *Tout pour Jésus*. 2 vol. in-12, 6 fr. Le même ouvrage abrégé. 1 vol. in-12, 3 fr. 50. — *Le Progrès de l'Ame dans la Vie spirituelle*. 2 vol. in-12, 5 fr., ou 1 vol. in-12, 3 fr. 50. — *Le Créateur et la Créature*. 1 vol. in-12, 3 fr. 50.

OUVRAGES DE M. DAURIGNAC.

HISTOIRE DE SAINT IGNACE DE LOYOLA. 2 vol. in-12, avec portrait et *fac-simile*. 6 fr.

HISTOIRE DE SAINT FRANÇOIS XAVIER. 2 vol. in-12, avec portrait et *fac-simile*. 6 fr.
— Vie abrégée. 1 fort vol. in-12. 2 fr. 50

SAINTE JEANNE DE CHANTAL, modèle de la jeune fille et de la jeune femme, et fondatrice de la Visitation. 1 vol. in-12. 3 fr.

Ces Vies offrent une lecture aussi attrayante que solide. C'est le jugement qu'en portent NN. SS. les Évêques d'Arras et de Beauvais dans leurs approbations.

Mgr Parisis a daigné adresser la lettre suivante à l'auteur de *Sainte Jeanne de Chantal*.

« J'ai achevé hier la lecture de *Sainte Jeanne de Chantal modèle*, etc., c'est-à-dire que j'ai lu ce volume tout entier sans en passer une ligne, ce qui m'arrive assez rarement, parce qu'il y a beaucoup d'auteurs modernes qu'il suffit de parcourir pour en connaître assez. Mais, outre l'intérêt de l'ouvrage qui m'a constamment captivé, j'ai voulu bien me rendre compte de cette manière d'écrire la vie des saints, sur laquelle vous aviez vous-même exprimé des doutes, attendu qu'elle tient du roman par la forme, et qu'il faut cependant toujours rester dans le vrai quant au fond. Eh bien, je me plais à vous dire avec ma franchise bien connue que, de mon côté, tous les doutes se sont évanouis devant cette œuvre, qui a l'attrait des livres frivoles que le monde recherche, et toute la solidité des ouvrages où les personnes pieuses trouvent la bonne nourriture de leur âme. Je vous en félicite donc et même je vous en remercie, car c'est un vrai service que vous nous avez rendu.

« Je vais répandre *Sainte Jeanne-Françoise de Chantal* dans les cloîtres aussi bien que dans le monde, parce qu'elle est bonne à connaître et à étudier partout. »

SOUVENIRS D'UNE INSTITUTRICE, par Mme BOURDON, auteur de la *Vie réelle* et des *Béatitudes*. 2e édition. 1 beau vol in-18 anglais. 3 fr.

M. E. de Margerie termine ainsi un article consacré aux *Souvenirs d'une Institutrice* : Il n'y a que des éloges à accorder à ce livre. Je n'hésite pas à le placer même au-dessus de la *Vie réelle*. C'est le chef-d'œuvre du genre.

Sous presse, pour paraître au mois de septembre 1860 :

SAINT VINCENT DE PAUL, sa Vie, son Temps, ses Œuvres et son Influence, par M. l'abbé U. MAYNARD. 4 forts vol. in-8.

Paris. Impr. BAILLY, DIVRY et Cie, rue N.-D. des Champs, 49.

LIBRAIRIE D'AMBROISE BRAY, ÉDITEUR,

66, rue des Saints-Pères, à Paris.

Souvenirs d'une Douairière, par Mlle Anna EDIANEZ DE S. B. 2ᵉ édition revue et augmentée. 1 vol. in-18 anglais.   2 fr.

Le succès d'une première édition, épuisée en quelques mois, témoigne du mérite de ce livre, où se révèlent de rares qualités d'âme et de style.

« .... Il y a dans ce livre, dit M. H. Violeau, un talent d'observation, une finesse d'aperçus, une vérité de sentiments qu'on est trop heureux d'applaudir.... Dans chacun de ces récits domine toujours une pensée morale, et d'autant plus salutaire qu'elle s'épanouit, pour ainsi dire, au milieu des fleurs de la route. »

M. P.-S. Vert, dans le Journal de Rennes, s'exprime ainsi : « Nous avons lu ces *Souvenirs* d'un bout à l'autre avec un charme croissant : il y a dans la manière limpide, littéraire et discrètement poétique dont l'auteur présente ses récits, de quoi les faire goûter de tous ceux qui cherchent une idée morale sous les fictions attrayantes, et qui aiment à rencontrer dans un livre de ce genre les grâces de la forme unies à l'élévation des sentiments. Nous résumerons toutes nos impressions sur ce volume en disant qu'on y sent partout à la fois, le style de l'écrivain, le goût de l'artiste et le cœur de la pieuse jeune fille. »

OUVRAGES DE Mᵐᵉ BOURDON (Mᵐᵉ FROMENT).

La Charité, *Légendes*. 1 beau vol. in-18 anglais.   2 fr.

La Religion ne laisse aucune misère, aucune souffrance sans soulagement et sans consolation. Parmi les Œuvres inspirées par la Charité, il en existe sept appelées les *Œuvres de miséricorde* ; c'est à les mettre en action, et en quelque sorte à les personnifier, que l'auteur des *Béatitudes*, a consacré les ressources de son admirable talent.

Souvenirs d'une Institutrice, 2ᵉ édition. 1 beau volume in-18 anglais.   2 fr.

C'est encore ici la *Vie réelle*, la vie d'une classe intéressante de la société aux prises avec les difficultés d'une profession délicate et pénible, exercée en public ou dans diverses classes de la société ; c'est une autre forme de dévouement inspiré par la religion. Voici en quels termes M. E. de Margerie résume son appréciation sur ce livre. « Il n'y a que des éloges à accorder aux *Souvenirs d'une Institutrice*. Je n'hésite pas à les placer même au-dessus de la *Vie réelle*. C'est le chef-d'œuvre du genre. »   (*Univers*.)

La Vie réelle, 7ᵉ édition. 1 beau vol. in-18 anglais.   2 fr.

Ce livre charmant est parvenu à la 7ᵉ édition en moins de trois ans.

Les Béatitudes ou la **science du bonheur**, 3ᵉ édition. 1 beau vol. in-18 anglais.   2 fr.

« .... Diverses de ton et de couleur, ces huit nouvelles sont toutes fortes par l'enseignement qu'elles contiennent, attrayantes par la forme dont elles sont revêtues. Le style facile, simple, élégant est bien le style de la *nouvelle*. » (Extrait du *Messager de la Charité*.)

De Babylone à Jérusalem, par Mᵐᵉ la comtesse de HAHN-HAHN. Histoire et motifs de sa conversion au Catholicisme ; traduit de l'allemand par M. Léon BESSY. 1 beau vol. gr. in-18 angl. 2 fr. 50

Une voix de Jérusalem. Considérations d'une Néophyte sur la Vie catholique, des mêmes auteur et traducteur. 1 beau volume in-18 anglais, avec portrait.   2 fr.

« Ces deux ouvrages, a dit la *Bibliographie catholique*, rappellent sans cesse les *Confessions* de saint Augustin ; c'est la même élévation de sentiments, la même humilité d'aveux, le même élan vers le ciel, le même charme de style.... »

OUVRAGES DE M. HIPPOLYTE VIOLEAU.

Récits du foyer. 1 vol. in-12. 2 fr. — Souvenirs et Nouvelles. 2 vol. in-12. 4 fr. — Nouvelles Veillées bretonnes. 1 vol. in-12. 2 fr. — Veillées bretonnes, 1 vol. in-12. 2 fr. — Pèlerinages de Bretagne, 2ᵉ édit. 1 vol. in-12. 2 fr. — La Maison du Cap. 3ᵉ édit. 1 volume in-12, 2 fr. — Amice du Guermeur, 1 vol. in-12. 2 fr. 50 c. — Légendes et Paraboles. 3 fr. — Livres des Mères et de la Jeunesse. 2 fr. — Soirées de l'ouvrier. 1 vol. in-18. Net, 75 c. 12/10, 25/20, 65/60, 140/100, ou 1 vol. in-12. 1 fr. 50 c.

« En lisant les œuvres de M. Violeau, on peut voir tout ce qu'un auteur chrétien, un poëte gracieux, un conteur attachant peut faire d'instructif et de délicieux pour les loisirs de la campagne ou les soirées de l'hiver. Jamais de descriptions romanesques, de passions violentes, d'événements impossibles, mais toujours des scènes de la vie journalière traitées avec une grâce et une simplicité charmantes. » P.-S. Vert. (Extrait du *Journal de Rennes.*)

OUVRAGES DE M. LE Cᵀᴱ ANATOLE DE SÉGUR,
MAÎTRE DES REQUÊTES AU CONSEIL D'ÉTAT.

Témoignages et Souvenirs, 2ᵉ édit. 1 vol. in-18 anglais. 2 fr. 50

Ce livre se compose de six chapitres d'un intérêt varié. En voici les titres : *La grande Trappe de Mortagne.— Une visite à l'hopital militaire.— Notre-Dame de Paris.— Hélion de Villeneuve-Trans.— Genève, Milan, le Tyrol.— La chambre des Martyrs.* L'élégant écrivain a su toujours conserver une heureuse harmonie entre la pensée et l'expression, et sa foi fervente et sincère lui a souvent dicté des pages éloquentes. (Extrait de la *Bibliogr. cathol.*)

Vie et mort d'un sergent de zouaves (Hélion de Villeneuve-Trans), 3ᵉ édit. 1 vol. in-18. 40 c.
— 12/10, 25/20, 65/50, 140/100.

Il est impossible de lire ces pages simples et touchantes, sur la mort héroïque et si chrétienne de ce jeune soldat, sans être attendri jusqu'aux larmes.

Les Derniers jours d'un soldat condamné à mort, publiés par M. A. DE SÉGUR. in-18. Net. 25 c.
— 12/10, 25/20, 65/50, 140/100.

Jamais crime n'a été suivi de plus vifs regrets, expié avec une plus grande résignation. Transformé, par la grâce divine, le coupable devient en peu de jours un chrétien fervent, un apôtre zélé. On ne lira pas sans fruit le récit touchant de cette admirable conversion couronnée par une sainte mort.

Mémoires d'un troupier, 7ᵉ édit. 1 vol. in-18. Net. 60 c. — 12/10, 25/20, 65/50, 140/100.
— Le même ouvrage. 1 vol. in-12. 1 fr. 50

Ces pages pleines de vie, de mouvement, d'entrain, s'adressent à tous les sentiments généreux du soldat; elles remuent toutes les fibres patriotiques et religieuses de son âme; semées d'anecdotes attachantes, elles ont de ces détails qu'on ne peut lire sans larmes; et jamais cette parole vive, alerte, pittoresque, ne faiblit. C'est la rondeur et le ton militaires; c'est aussi du talent et de l'éloquence. (*Bibliogr. cathol.*)

La Caserne et le Presbytère, 12ᵉ édit. 1 vol. in-18. Mêmes conditions de prix que pour les *Mémoires d'un Troupier,* in-18.

Quatre Martyrs (les) : 1º le Martyr de la Vérité, 2º de la Charité, 3º de l'Humilité, 4º le Soldat martyr; par A.-F. RIO. 2ᵉ édit. 1 vol. grand in-18. 2 fr. 50

OUVRAGES DE M. B. BOUNIOL.

Les Combats de la vie :

1re Série. — *Cœur de bronze.* 1 vol. in-12.	2 fr.
2e Série. — *La famille du vieux célibataire.* 1 vol. in-12.	2 fr.
3e Série. — *Les épreuves d'une mère.* 1 vol. in-12.	2 fr.
4e Série. — *Les deux héritages.* 1 vol. in-12.	2 fr.

A l'ombre du Drapeau, épisodes de la vie militaire, 2e édit. 1 vol. in-12. 2 fr.

Le Soldat, chants et récits, 3e édition. 1 vol. in-18. 60 c.

Les Combats de la Vie offrent des récits dramatiques, émouvants, d'où ressortent les leçons les plus salutaires, les plus propres à inspirer le courage et la résignation dans les situations et les circonstances les plus difficiles de la vie.

«... Depuis quelques années déjà, l'auteur poursuit avec succès sa tâche difficile, et s'il réussit, c'est que tous ses écrits portent l'empreinte d'une profonde conviction et d'un véritable talent. En continuant à observer les travers d'une société qu'il veut rendre meilleure, tout en l'amusant, il arrivera, nous en sommes convaincu, à un bon et fécond résultat. » (Extrait de la *Revue européenne*.)

OUVRAGES DE M. Eugène de MARGERIE.

Scènes de la vie chrétienne :

1re Série, 3e édition. 1 beau volume in-18 anglais.	2 fr. 50 c.
2e Série. 2e édit. 1 beau volume in-18 anglais.	2 fr. 50 c.

M. Louis Veuillot dans l'*Univers*, M. de Pontmartin dans l'*Union*, ont fait l'éloge de ces nouvelles. « .... Elles sont agréablement écrites, et toutes donnent de fortes ou consolantes leçons. » — L. Veuillot.

Cinquante Histoires, pour faire suite aux **Cinquante Proverbes**.
1 vol. in-18, net 60 c. (12/10, 25/20, 65/50, 140/100).
— Le même ouvrage, 1 vol. in-12. 1 fr. 50 c.

Cinquante Proverbes, mêmes formats et mêmes prix que les *Cinquante histoires*

Lettres à un jeune homme sur la piété. 3e édition. 2 volumes in-18 anglais. 2 fr. 50 c.

Guide de la jeunesse, par M. l'abbé de Lamennais, précédé de l'abrégé de l'*Histoire sainte*, par Bossuet ; de la *Religion démontrée à la Jeunesse*; par J. Balmès, et suivi d'Exercices pour la Messe, la Confession et la Communion, tirés de Fénelon, des Vêpres du Dimanche. 10e édition, 1 vol. in-32 vélin. 1 fr. 50 c.

Bossuet, Balmès, Lamennais et Fénelon, dans des écrits réputés des chefs-d'œuvre, ont composé ce précieux recueil dont toutes les parties, l'*Histoire, le Dogme, la Morale, la Liturgie*, s'appellent et s'enchaînent de manière à faire un tout aussi solide que complet. Il semble difficile de mettre entre les mains de la jeunesse un guide plus propre à lui enseigner les vérités du salut et à l'affermir dans les voies de la vertu et de la piété.

OUVRAGES DE M. DAURIGNAC.

Histoire de saint Ignace de Loyola. 2 beaux vol. in-18 anglais avec portrait et fac-simile.   6 fr.
— VIE ABRÉGÉE, 1 fort vol. in-12.   2 fr. 50

Histoire de saint François-Xavier. 2 beaux vol. in-18 anglais avec port. et fac-simile.   6 fr.
— VIE ABRÉGÉE, 1 fort vol. in-12.   2 fr. 50 c.

Sainte Jeanne de Chantal, modèle de la jeune fille et de la jeune femme, et fondatrice de la Visitation. 1 beau vol. in-18 angl.   3 fr.

Ces Vies offrent une lecture aussi attrayante que solide. C'est le jugement qu'en portent NN. SS. les Évêques d'Arras et de Beauvais, dans leurs approbations.

Mgr Parisis a daigné adresser la lettre suivante à M. Daurignac.

« J'ai achevé hier la lecture de *Sainte Jeanne de Chantal*, c'est-à-dire que j'ai lu ce volume tout entier sans en passer une ligne, ce qui m'arrive assez rarement, parce qu'il y a beaucoup d'auteurs modernes qu'il suffit de parcourir pour en connaître assez. Mais, outre l'intérêt de l'ouvrage qui m'a constamment captivé, j'ai voulu bien me rendre compte de cette manière d'écrire la vie des saints, sur laquelle vous aviez vous-même exprimé des doutes, attendu qu'elle tient du roman par la forme, et qu'il faut cependant toujours rester dans le vrai quand au fond. Eh bien, je me plais à vous dire avec ma franchise bien connue que, de mon côté, tous les doutes se sont évanouis devant cette œuvre, qui a l'attrait des livres frivoles que le monde recherche, et toute la solidité des ouvrages où les personnes pieuses trouvent la bonne nourriture de leur âme.... »

Sentiment de Napoléon Ier sur le Christianisme, d'après les témoignages recueillis par feu le chevalier DE BEAUTERNE. Nouvelle édit. entièrement refondue, augm. de documents nouveaux et d'un appendice sur les *Héros chrétiens de l'Empire*, par M***. 1 vol. in-18.   80 c.
— 12/10, 25/20, 65/50, 140/100.
— Le même ouvrage 1 beau vol. in-12.   1 fr. 50 c.

Cet ouvrage, qui renferme une démonstration si originale de la vérité du catholicisme, est plus que jamais de nature à piquer la curiosité. Un remaniement complet, fait par une main aussi intelligente que ferme, en élaguant les longueurs et les hors-d'œuvre qui entravaient trop souvent le récit, met pleinement en lumière les documents importants, les communications précieuses que renferme le livre.

Florence Raymond, par Mlle Julie GOURAUD. 1 beau volume in-18 anglais.   2 fr.

Des tableaux pleins de fraîcheur, des scènes touchantes, des détails qui attestent une imagination riche et riante, prêtent à ce livre un intérêt plein de charme.

Cœurs dévoués (les), par M. Alfred DES ESSARTS. 2e édit., revue et augmentée. 1 beau vol. in-18 anglais.   2 fr.

« Le dévouement ne s'exerce pas seulement au grand jour : souvent, c'est dans le cercle de la famille, dans l'ombre qu'il agit, tantôt envers une mère ou une sœur infirme, tantôt envers de jeunes frères orphelins, tantôt même à l'égard d'un étranger. C'est ce dévouement surtout que M. des Essarts veut faire apprécier dans une suite de récits. Tout est intéressant dans ces simples narrations, qui font plus d'une fois venir les larmes aux yeux, car ce livre fait vibrer les cordes sensibles du cœur, et s'adresse aux plus généreux sentiments de la nature humaine.... »

(Bibliog. Catholique.)

Paris. — Imprimerie Bailly, Divry et Ce, rue N.-D. des Champs, 49.

www.ingramcontent.com/pod-product-compliance
Lightning Source LLC
Chambersburg PA
CBHW061955180426
43198CB00036B/1245